99× BREMEN wie Sie es noch nicht kennen

Nicoletta Adams
Ralf Niemzig

BRUCKMANN

Inhalt

Walle, Überseestadt

Bremen-Nord

Bremerhaven

Vorwort

Bremen lädt seine Gäste zuallererst in die »Gute Stube« ein: den Marktplatz. Das historische Rathaus, den Roland und die Bremer Stadtmusikanten haben die Besucher wahrscheinlich vor ihrer Ankunft bereits auf Abbildungen gesehen. Sie gehören zum »Touristen-Programm« einfach dazu und werden in vielen Sprachen ausführlich beschrieben. Natürlich sind auch Böttcherstraße, Schnoor, das Viertel, die Kulturmeile mit Theater und Museen, die großen Parkanlagen oder Bremerhaven als »Bahnhof am Meer« den Bremern und manchen Besuchern geläufig. Jetzt heißt es, leicht zu übersehende Details, unbekannte Geschichten und ungewöhnliche Blickwinkel von und auf die Sehenswürdigkeiten zu entdecken.

Selbst vermeintlich allzu gut bekannte Touristenattraktionen, wie Roland, Altes Gewerbehaus, Dom oder Liebfrauenkirche bergen große und kleine Geheimnisse, die gelüftet werden wollen. Ich habe viel über die Stadt gelesen, eine Menge Neues, Interessantes und Skurriles erfahren und mich auf Spurensuche begeben – per Rad. Wie sonst? In einer der deutschen Städte mit den meisten Fahrradwegen und der höchsten Erhebung von knapp 13 Metern drängt sich der Drahtesel als Fortbewegungsmittel geradezu auf.

Die Entdeckungsreise ist äußerst vergnüglich und könnte unendlich weitergeführt werden. Das Spannende dabei ist, dass in Bremen irgendwie alles mit allem zusammenhängt. Vielen Namen begegnet man immer wieder im Stadtgebiet und man begreift, wie viel die Stadt bis heute dem so typisch bremischen Mäzenatentum zu verdanken hat. Die großen und kleinen Taten zum Wohl der Stadt und deren Bürgern geschehen meist im Geheimen, denn nur das Ergebnis zählt. So wirken die tagenbaren, d. h. die seit Generationen gebürtigen, Bremer nach außen hin vielleicht etwas zurückhaltend, aber der Schein trügt.

Viel Spaß auf dem Spaziergang durch das immer wieder überraschende Bremen wünscht eine »Neubürgerin« – denn was sind schon 15 Jahre in dieser schönen Stadt!

Ihre Nicoletta Adams

01 An zwölf Aposteln vorbei zur Rose

Gern lädt man Gäste zum Willkommenstrunk in den berühmten Keller, der nicht irgendein Weinlokal ist, sondern eine Institution. Die lange Tradition – seit 1405 – und die angenehme Atmosphäre sind nur zwei der Besonderheiten. Zahlreiche Dichter, Maler und Komponisten ließen sich dort zu neuen Werken inspirieren.

Die historische Halle erwartet die Gäste. Man sitzt neben riesigen barocken Schmuckfässern oder in sogenannten Priölken. In diesen »kleinen freundlichen Zimmern« durften, im Gegensatz zu den berühmten Chambres séparées, die Türen bei nur zwei Gästen niemals geschlossen werden. Zum einen wegen der Schicklichkeit, zum anderen sollte gewährleistet sein, dass bei Geschäftsabschlüssen alles mit rechten Dingen zuging. Vorsicht bei der Wortwahl ist heute noch im Hauffsaal geboten: Ein Architekturphänomen macht an der einen Seite des Saales geflüsterte Worte auch an der gegenüberliegenden Seite deutlich hörbar!

▶ Das Verkaufskontor an der Rückseite des Neuen Rathauses hat eine reichhaltige Auswahl an deutschen Weinen, Destillaten und Likören im Angebot.

Unter sachkundiger Führung dringt man bis ins Allerheiligste vor, den Apostel- und Rosekeller. Kein Laut dringt von außen herein, allein der Geruchssinn wird angesprochen, der einen sherryartigen Duft wahrnimmt. Plötzlich lässt der Schein flackernder Kerzen große Fässer erkennen: die zwölf Apostel. Gefüllt mit Rheinwein aus dem 18. Jahrhundert, bilden sie ein Spalier zum berühmten Rosefass. Der Name bezieht sich auf die früher übliche Bezeichnung Rose für einen besonders guten Wein. Eine Jahreszahl ist zu entziffern: 1653! Es ist kaum zu glauben, dass dieser Wein noch trinkbar wäre, allerdings bleibt er auch weitgehend unangetastet. Nur einmal geriet Ratskellermeister Karl-Josef Krötz, Hüter über 8500 Flaschen aus allen bedeutenden deutschen Anbaugebieten, ins Grübeln: ein KP-Mitglied aus China bot für eine Flasche dieses Weines eine stolze Summe. Die endgültige Antwort blieb ihm erspart, denn der Mann musste das Angebot zurücknehmen.

Ratskeller · tgl. 11–24 Uhr · Am Markt · 28195 Bremen · Tel. 0421/32 16 76
www.ratskeller-bremen.de · Straßenbahnen 2, 3, 4, 6, 8 bis Domsheide

Im Ratskeller bekommt man zu Bremer Spezialitäten Weine aus ganz Deutschland serviert.
Die Bacchus-Figur auf dem Barock-Fass lädt zur Weinprobe ein.

Die Gluckhenne symbolisiert eine der schönsten Legenden zur Entstehung Bremens.

Die Gluckhenne – wie es zur Stadtgründung kam

02

Die alte Volkssage von der Gluckhenne und der Gründung Bremens, die Friedrich Wagenfeld ausgegraben haben will, stammt aus seiner eigenen Feder. Er hat sie jedoch wunderbar und beinahe realitätsnah um das Rathaus und das Relief an der Fassade herumgesponnen.

Der früh infolge seines ausschweifenden Lebenswandels verstorbene Bremer Schriftsteller Friedrich Wagenfeld (1810–1846) war begeisterungsfähig, äußerst sprachbegabt und ließ gern seiner Fantasie freien Lauf. Die seit 1612 den zweiten Arkadenbogen des Rathauses schmückende Henne mit ihren Küken inspirierte ihn dazu, Bremen eine Geschichte zur Stadtgründung zu schenken: Flüchtende Fischerfamilien waren auf der Weser unterwegs, auf der Suche nach einem sicheren Siedlungsplatz in Freiheit. Als sich eine Henne mit ihren Küken auf einer Düne ein Nest baute, sahen sie dies als gutes Zeichen und gingen an Land. Fortan sollte dort ihr »Hort der Freiheit« sein.

Es gibt zwar Hinweise, dass sich der Text im Kern an eine spätmittelalterliche Chronik anlehnt, Wagenfelds Vergangenheit lässt jedoch an der Echtheit zweifeln. Bereits mit 20 Jahren behauptete er, im Besitz einer jahrtausendealten Schrift über die Phönizier zu sein. Dieser Sensationsfund wurde zunächst von der Fachwelt bestätigt, stellte sich jedoch bald als Fälschung heraus. Nach heutiger Interpretation stellen die Relieffiguren an der Rathausfassade Sinnbilder verschiedener Tugenden dar. So gilt die Gluckhenne zusammen mit dem Hahn als Symbol für Wachsamkeit, Schutz und Fruchtbarkeit.

Die Bremer Gluckhenne wacht nicht nur am Rathaus über ihre Küken, sondern auch in der Böttcherstraße. Von Alfred Horling 1957/58 geschaffen, steht eine Bronzeskulptur am Haus des Glockenspiels. Genauer hinsehen muss man an der Fassade des Kontorhauses. Dort hat sich die Henne über dem Bremer Schlüssel zwischen den Arkadenbögen platziert.

Obwohl die Legende von der Gluckhenne also wahrscheinlich erfunden ist, wird sie gern mit schmunzelnder Ernsthaftigkeit erzählt.

Rathausfassade · Henne: über dem 2. Arkadenbogen v.li. · Rathaus: tgl. 11–24 Uhr · Am Markt 28195 Bremen · Straßenbahnen 2, 3, 4, 6, 8 bis Domsheide

Über die Sögestraße wurden die »Söge« (Schweine) auf die Bürgerweide getrieben.

Marc O'Polo
Marc O'Polo
FOLLOW YOUR NATURE
MARC O'POLO STORES
Hier finden Sie unseren Men Store.
Unseren Women Store finden
Sie in der Obernstraße 34 – 36.

03 Roland und die Bremer Elle

Die Bremer lieben ihren überlegen lächelnden Roland, den sie durch List und Tücke bereits zweimal vor der Zerstörung retten konnten. Ihr Freiheitssymbol – denn solange der Roland steht, bleibt die Stadt frei und unabhängig – war Schutzpatron, eisernes Maßband und 50 Jahre lang Geheimnisträger.

Im Jahr 1404 ließ der Rat am Marktplatz den steinernen Roland errichten. Es fehlten jedoch die verbrieften kaiserlichen Privilegien und damit das Recht, Rolands Schild mit dem kaiserlichen Wappen zu schmücken – ein sichtbares Zeichen für Marktfrieden und städtische Freiheit. Schnelle Abhilfe brachten Urkunden, die kurzerhand »nachgereicht« wurden!

Während der Besetzung durch die Truppen Napoleons ging es das erste Mal ums Ganze. Es stand eine Neugestaltung des Marktplatzes an, bei der dem Architekten die Roland-Statue im Weg war. Zusammen mit der Anfrage zur Umbaugenehmigung im Pariser Innenministerium schickte Bürgermeister Wilhelm Wichelhausen den listigen Vermerk, der St. Roland repräsentiere den Schutzpatron der Stadt und sei ohne geringsten ästhetischen Wert. Der Umbau wurde genehmigt, mit der Auflage zum Erhalt der heiligen Statue. Im Zweiten Weltkrieg war der Roland den Bombensplittern ausgesetzt. Kurzerhand umgaben ihn die Bremer mit einer sandgefüllten Holzverschalung, aus der er 1945 unversehrt ans Tageslicht kam. Erst 50 Jahre später stellte sich heraus, dass er seit der Restaurierung im Jahr 1938 als Geheimnisträger missbraucht worden war. Es wurde eine Kassette in seinem Inneren lokalisiert, angefüllt mit Nazipropaganda. So wurde der Roland ein drittes Mal »befreit«.

Seine ungewöhnlichen metallenen Kniespitzen mit einem Abstand von 54,7 Zentimetern dienten wahrscheinlich als ›verkörpertes‹ Eichmaß einer Elle. Dies verbindliche Maß für die Händler des Mittelalters wurde im Jahr 1818 als Bremer Elle auf exakt 57,87 Zentimeter festgelegt – das passt doch.

Vorsicht – die Bremer nehmen sich bei einer Verabredung hinter dem Roland auch ihre Freiheit: Man kann kommen, muss aber nicht!

Roland · Am Markt · 28195 Bremen · Straßenbahnen 2, 3, 4, 6, 8 bis Domsheide

Der imposanten Roland-Figur reicht man knapp bis zu ihren Knien.

04 Die Stadtmusikanten – klein, aber allgegenwärtig

»Komm mit mir nach Bremen, da kannst Du ein Stadtmusikant werden!« Dieser Satz brachte Esel, Hund, Katze und Hahn am Ende ihres Arbeitslebens gemeinsam auf den Weg. Obwohl die vier nie bis Bremen gekommen sind, wurden sie zum Wahrzeichen der Stadt, neben Roland und Rathaus – in vielen Varianten.

Der Künstler Gerhard Marcks hat sie 1953 ans Ziel kommen lassen. Als gehörten sie schon immer dahin, stehen die Bremer Stadtmusikanten neben dem Eingang zum Ratskeller. Im Vorübergehen hört man Touristen sagen: »Oh, die sind aber klein!« Doch sie sind gerade richtig, weder monströs, noch lütt – einfach schön. Und: Sie bringen Glück, packt man die Beine des Esels – mit beiden Händen, denn sonst gibt nur ein Esel dem anderen die Hand!

Ein Spaziergang bringt die »Ableger« des Bremer Wahrzeichens ans Tageslicht: Im Hauff-Saal des Ratskellers bildet das Fresko mit den vier am Esstisch sitzenden Figuren von Max Slevogt den passenden Hintergrund zum Mahl. Den Laternenausleger bei »Beck's am Markt« scheinen die Tiere mit letzter Kraft erreicht zu haben – ausgezehrt und abgemagert. Eine akustische Variante bietet das Bremer Loch neben dem Haus der Bürgerschaft. Die Spendenbüchse lässt den »Gesang« der Stadtmusikanten gegen kleine Münze erklingen. Der Erlös kommt gemeinnützigen Projekten zugute.

In der Böttcherstraße verstecken sich die vier Gesellen gleich dreimal. Der Architekt und Bildhauer Bernhard Hoetger installierte sie auf dem Sieben-Faulen-Brunnen. Die von Engelhardt Tölken erschaffenen Gruppen schmücken zum einen den steinernen Rahmen von Haus Nr. 7, zum anderen erstrahlen sie goldglänzend vor dem Treppenaufgang im Haus St. Petrus.

Die hölzerne Variante von Jo Harbord steht neben der Schnoor-Treppe. Tapfer halten die vier Tiere die Bremer Speckflagge in den Wind, ansonsten lässt ihre Patina sie fast mit der Umgebung verschmelzen. Recht ungewöhnlich ist das Relief am Haus Wüstestätte 11. Bernd Altenstein verbirgt menschliche Körper hinter den vier Tiermasken.

Bremer Stadtmusikanten · z. B. Am Markt · 28195 Bremen · Straßenbahnen 2, 3 bis Obernstraße

Wer kennt sie nicht, die Bremer Stadtmusikanten? Und Glück sollen sie bringen!
Der Esel konnte den Hund als ersten dafür begeistern, mit ihm nach Bremen zu reisen.

Das farbenprächtige »Predigerfenster« inspiriert den Betrachter.

Leuchtende Fenster in der Liebfrauenkirche

05

Von außen nimmt man sie kaum wahr. Man muss die stolze Ratskirche schon betreten, um den Zauber der großen Fenster zu entdecken. Die abstrakte Gestaltung und die Farbkombinationen von Blau, Goldgelb, Rot, Violett und Grün entfachen bei jedem Besucher ganz eigene Fantasien und Empfindungen.

Die Marktkirche Unser Lieben Frauen aus dem 11. Jahrhundert ist die älteste von vier Pfarrkirchen in Bremen. Zu der Zeit, als Bischof und Bürger um die Macht konkurrierten, galt sie als Zeichen der Unabhängigkeit und diente bis zum Bau des Rathauses gleichzeitig als Versammlungsort. Nach der Reformation wurde die Kirche Schritt für Schritt von Prunk »befreit«: Altar, Bilder, Leuchter und Zierrat verschwanden. Nur weniges, wie der Epitaph an der Westwand und die Kanzel, kamen in die Kirche zurück. Im Jahr 1960 verschwand auch der farbige Putz von den Wänden. Heute erscheint das Innere in purem Backstein, an einigen Stellen zeigt sich sogar ein Stück alte Feldsteinwand. In dieser schlichten Ausgestaltung kommen die wunderbaren Fenster umso mehr zur Geltung. Die vielfarbigen Glasteile werfen ein buntes Lichtmosaik auf die Wände und tauchen den Kirchenraum in einen warmen Farbschleier – selbst bei trübem Wetter. Als der französische Glaskünstler Alfred Manessier (1911–1993) das erste Mal die Bremer Liebfrauenkirche besuchte, rief er aus: »Diese Kirche braucht etwas, das singt.« Was er damit meinte, wird dem Besucher sofort klar. Auch wenn man sich nicht in der Farbensymbolik des Christentums und den theologischen Inhalten auskennt, verfehlen die abstrakten Glasgemälde mit ihrem Licht- und Farbenspiel nicht ihre Wirkung: Sie zaubern dem Betrachter ein Lächeln auf das Gesicht.

Der Blick nach oben zum Turmhelm bleibt an einer kleinen Außenglocke hängen. Diese ist im Volksmund als Fiefenglocke (fief, Plattdeutsch: fünf) bekannt und läutete einst um fünf Uhr in der Früh. Um diese Zeit mussten die Bediensteten zum Gottesdienst kommen, damit sie rechtzeitig zurück waren, um den Herrschaften das Frühstück vor deren Kirchgang zu servieren.

Fenster der Liebfrauenkirche · Mo–Sa 11–16 Uhr · Unser-Lieben-Frauen-Kirchhof 27
28195 Bremen · Tel. 0421/33 03 10 · Staßenbahnen 2, 3 bis Obernstraße

06 Morde und spuckende Bremer

Was heute etwas befremdlich wirkt, gehörte früher zum guten Ton: einmal kräftig ausspucken, auf einen Basaltstein mit eingekerbtem Kreuz. Es musste schon etwas Dramatisches geschehen sein, wenn die eigentlich recht zurückhaltenden Bremer so ungezügelt reagierten!

Zwischen 1813 und 1827 wurden die friedliebenden Bürger in ihren Grundfesten erschüttert: Ein Mord nach dem anderen geschah, insgesamt 15 unbescholtene Menschen verloren ihr Leben. Und das Schlimmste: Eine allseits geschätzte Witwe entpuppte sich als Massenmörderin.

Die 1785 geborene Gesche Gottfried hatte unter anderem Eltern, Bruder, Kinder, zwei Ehemänner und den Verlobten mit sogenannter Mäusebutter umgebracht, einem Gemisch aus Schmalz und Arsen. Beim Versuch, auch ihrem Vermieter das tödliche Gift zu verabreichen, wurde sie entdeckt und am 6. März 1828 verhaftet. Zwei Jahre später war die Verhandlung beendet: »Der Stab ist gebrochen, das Urteil gesprochen: Mensch, du musst sterben.« Am 21. April 1831 wird sie auf dem Domshof öffentlich hingerichtet.

Für die Lage des Spucksteins, etwa 18 Meter vor dem Brautportal des Doms, gibt es zwei Erzählvarianten: Entweder stand hier das Schafott, auf dem sie gerichtet wurde, oder ihr Kopf rollte nach der Enthauptung dorthin. Die Bremer spucken auf diesen Stein, um ihrer Verachtung für die scheußliche Tat Ausdruck zu verleihen. Ein Gipsabdruck von Gesche Gottfrieds Totenmaske wird im Focke-Museum verwahrt.

Die Geschichte der Giftmischerin und die Frage nach dem Motiv beschäftigen noch heute die Wissenschaftler und regen viele Künstler zu Interpretationsversuchen an. Von Rainer Werner Fassbinder (1972) bis zu Vanessa Jopp (»Tatort« 2003) haben sich Regisseure mit ihr befasst, ebenso wie Schriftsteller, von Adelbert von Chamisso (1828) bis Peer Meter (2010). In ihren Werken wird auch die bürgerliche Gesellschaft angeprangert, die gerne wegblickt und soziale Missstände verdrängt oder überhört.

Spuckstein · Auf dem Domshof · 28195 Bremen · Straßenbahnen 4, 6, 8 bis Schüsselkorb

Ein wenig Spürsinn erfordert die Suche nach dem legendären Spuckstein.

Am Vormittag wird der Domshof zum lebendigen Mittelpunkt der Stadt.
Das ungewöhnliche Taufbecken hatte eine Doppelfunktion.

Das Dom-Taufbecken – sakral und zugleich weltlich

07

Der Bremer Dom zeigt verschiedene sehenswerte, mittelalterliche Ausstattungsstücke. Einem Exponat jedoch gilt die besondere Aufmerksamkeit, denn es erzählt die lang vergessene Geschichte einer Doppelnutzung und präziser Messkunst im 13. Jahrhundert. Auch die Details werfen Fragen auf.

Das Meisterwerk spätromanischer Bronzegusskunst steht in der Westkrypta, dem ältesten erhaltenen Teil des St.-Petri-Doms. Vor dem unregelmäßigen Mauerwerk kommt das Bronzetaufbecken wunderbar zur Geltung. Das ungewöhnliche Stück fertigte ein Bremer Glockengießer im 13. Jahrhundert: Wie Atlas die Erde, tragen vier auf Löwen sitzende Männer das Taufbecken auf ihren Schultern. Zwei der Figuren haben einen Bart und stemmen fast angriffslustig die Hände in die Hüften, die anderen sind bartlos und halten die Löwen an den Ohren. Es gibt keine eindeutige Interpretation, jedoch symbolisieren die zum Reittier degradierten Löwen oft das Bezwingen einer bösen Macht. Die markanten Gesichter der Männer lassen Gedankenspiele zu, sie erinnern ein wenig an alte Ägypter oder Inka-Fürsten, wäre da nicht der Bart!

Worin liegt nun die Doppelnutzung des reich mit Figurenornamenten verzierten Taufkessels? In damaliger Zeit stand dem Erzbischof das Hoheitsrecht über Maße und Gewichte zu. Bei der Abgabe des sogenannten »Zehnten« an die Kirche, der Steuer in Form von Getreide, Öl oder Wein, mussten die Mengen mit der städtischen Norm für Hohlmaße übereinstimmen. In Bremen entsprach das unantastbare Eichmaß für Flüssigkeiten dem Weinmaß (1 Oxhoft oder 1 ½ Ohm= 217,44 Liter), den gleichen Inhalt ergab das Getreidemaß von drei Scheffeln (je 72,5 Liter). Das Fassungsvermögen der Bremer Bronzetaufe beträgt (nach Reinhold Spichal) 216,5 Liter. Der schriftliche Beweis, dass die Taufen damals auch als Eichnormale dienten, fehlt zwar, aber die gemessenen Rauminhalte sprechen eigentlich für sich.

▶ **Auf dem Domshof findet Mo–Sa, 8–13.30 Uhr der Wochenmarkt sowie auf dem Liebfrauenkirchhof um die Ecke der Blumenmarkt statt.**

Dom St. Petri · Mo–Fr 10–17, Sa 10–14, So 14–17 Uhr · Sandstr. 10–12 · 28195 Bremen
Tel. 0421/36 50 40 · www.stpetridom.de · Straßenbahnen 2, 3, 4, 6, 8 bis Domsheide

08 Auf der Suche nach der armen Kirchenmaus

Die prächtige Vielfalt, die sich dem Betrachter unter den Netz- und Kreuzrippengewölben des Doms und zwischen dessen bemalten Säulen darbietet, verlangt Muße und Pausen, in denen man das Gesehene wirken lassen kann. Das ist genau der richtige Zeitpunkt, sich der kleinen Dom-Maus zuzuwenden.

Was macht ein so winziges Nagetier in einem derart großen Gotteshaus? Auf Essensreste konnte es wohl kaum hoffen, denn wer wagt es schon, an einem religiösen Ort ein Butterbrot zu essen! Die Hostien wurden sorgsam in geschlossenen Kelchen aufbewahrt, die Kirche war also wahrlich kein Schlemmerparadies. Hat sie vielleicht Schutz gesucht? Das Gegenteil wird behauptet: Im Mittelalter, seit dieser Zeit ist sie schon in ihrem Versteck, war die Maus ein Symbol für Hexen, Teufel und den Dämon schlechthin. Sie scheint sich eng in eine Mauerecke zu drängen. Das könnte darauf hindeuten, dass sie vor Gottes Macht im Dom nicht bestehen kann. Oder soll sie die Bannung des Bösen darstellen, das am Betreten der Kirche gehindert wird? Auch diese Interpretation ist möglich, denn sie kauert im Ostchor, am Fuß des rechten Portals, das ursprünglich als Eingangstor außen an der alten Westfront des Doms stand. Beim Versuch, die Tür zu öffnen, ist sie zu Stein geworden.

▶ **Im Bleikeller (Eingang Bibelgarten) liegen mumifizierte Leichname aus dem 17. und 18. Jahrhundert. Sie blieben durch das dort gelagerte Blei erhalten (Führungen April–Okt.).**

Nach einer weit verbreiteten, jedoch haltlosen Legende konnten wandernde Handwerkergesellen ihren Aufenthalt in Bremen glaubhaft nachweisen, indem sie die Dom-Maus aufsuchten und deren Versteck bekanntgaben. Seit Kurzem steht der kleine Nager in hellem Scheinwerferlicht, was ihm nicht sonderlich zu behagen scheint. Trotzdem muss man bei der Suche ein wenig Spürsinn beweisen. Da die kleine Maus mit nur zehn Zentimetern der Größe einer echten Hausmaus entspricht, haben wohl vor allem Kinder die richtige Such-Höhe. Viel Glück!

Dom St. Petri · Mo–Fr 10–17, Sa 10–14, So 14–17 Uhr · Sandstr. 10–12 · 28195 Bremen
Tel. 0421/36 50 40 · www.stpetridom.de · Straßenbahnen 2, 3, 4, 6, 8 bis Domsheide

Im Bleikeller wird das Geheimnis der Bremer Mumien gelüftet.
Die kleine Kirchenmaus drückt sich eng an das ehemalige Portal der alten Westfront.

Der heilige Jakobus wacht über die Ruhe im Bibelgarten.

09

Ich bin mal kurz weg! Erholung im Domschatten

Viele Besucher streifen den kleinen Bibelgarten nur, wenn sie auf dem Weg zum Bleikeller sind. Ihnen entgeht der Zauber dieser idyllischen Rast- und Ruhestätte. Denn obwohl er mitten in der betriebsamen Innenstadt liegt, kommen dort die vielfältigen Alltagsgeräusche nur äußerst gedämpft an.

Am Eingang erwartet den Gast der heilige Jakob, der hier das Hausrecht hat. Er stand lange vor der Anlage des Gartens an diesem Platz und erinnert an die Zeit, als Bremen eine wichtige Station auf dem Jakobsweg war. Als begeisterter Hobbygärtner hat sich Pastor Henner Flügger dafür eingesetzt, aus dem kleinen Innenhof am Petridom einen allgemein zugänglichen Ort der Entspannung zu gestalten. Von Frühjahr bis Herbst erfreut die bunte Mischung von Nutzpflanzen, Sträuchern und farbenfrohen Blumen die Betrachter. Nostalgische Emailleschildchen verraten den Namen der Pflanze und die entsprechende Bibelstelle, damit man ihre Bedeutung nachlesen kann. Beim Eingang liegen Kurzführer und Bibel zur Benutzung bereit.

Unter den 60 verschiedenen Gewächsen stellen die biblischen Pflanzen den größten Anteil, wie Akanthus, Distel, Feige, Ginster, Kamille, Lein, Linse, Myrte, Oleander, Olive, Papyrus, Senf, Wein, Wermut und Ysop. Als christliche Symbolpflanzen sind unter anderem Aronstab, Christrose, Jakobsleiter, Madonnenlilie und Weihrauch gepflanzt. Andere entstammen der Tradition der Klostergärten, ausgewählt aufgrund ihrer wohltuenden oder heilenden Wirkung. Die Zistrose ist eine solche »Apothekerpflanze«. Sie entwickelt ein spezielles Harz, das als Grundlage für alternative Medizin genutzt wird.

Einmal im Jahr findet ein Bibelgartenfest statt, bei dem der aus dem Garten gewonnene Honig, ein feiner Feigensenf und das Bibelgartenöl erworben werden können. Bei dessen Herstellung wird Olivenöl durch Rosmarin, Thymian, Knoblauch und Senfsaat aus dem Kräuterbeet verfeinert. Einmal im Monat werden öffentliche Führungen angeboten, eine Anmeldung ist nicht erforderlich.

Bibelgarten · Mai–Sept. 10–22 Uhr · Sandstr. 10–12 · 28195 Bremen · Tel. 0421/491 96 99
www.stpetridom.de · Straßenbahnen 2, 3, 4, 6, 8 bis Domsheide

Jeder kennt den Verkehrsturm an der Domsheide, kaum einer den Erbauer.

Ein Turm als verkanntes Kunstwerk

10

Eigentlich kennt ihn jeder, doch täglich wird er von vielen Bremern beim Umsteigen in eine andere Straßenbahnlinie ganz unbeachtet umrundet. Nur wenige wissen, dass der backsteinrote Verkehrsturm an der Domsheide aus der Werkstatt eines berühmten dänischen Künstlers stammt.

Im Jahr 1988 wurde der Platz umgestaltet und der Bau einer Leitzentrale der Bremer Straßenbahn-AG (BSAG) realisiert. Man bat Per Kirkeby, das neue Gebäude zu entwerfen. Der promovierte Geologe und Künstler (*1938) ist vor allem durch seine großformatigen Bilder bekannt, die oft geologische Strukturen wie Schichtung, Faltung, Vulkanschlote oder auch Kristallformen nachbilden. Seine Inspiration fand und findet Kirkeby in der Natur, vor allem bei Exkursionen nach Grönland und Island. In seinen Gemälden spürt man sein inniges Verhältnis zu Landschaft und Umgebung. So suchte er auch für seine monumentalen Skulpturen einen Baustoff aus der Natur. Der gebrannte Lehm war eine Alternative: »Das dänische Baumaterial ist Backstein, wir besitzen kein anderes natürliches Material.« Zunächst fertigt er handgeformte Bronzemodelle an, die die Grundidee der Kunstwerke wiedergeben, um sie dann in klar strukturierte Backsteinbauten umzugestalten.

▶ Das Straßenfestival La Strada gastiert Mitte Juni in Bremen und verwandelt Innenstadt und Wallanlagen in eine großartige Manege (www.lastrada-bremen.de).

Kirkeby hat europaweit solche »Skulpturen« für öffentliche Plätze geschaffen. Der Bremer Verkehrsturm ist jedoch das weltweit einzige Werk des Dänen mit tatsächlicher Funktion. Bis 2009 kontrollierten dort Mitarbeiter der BSAG den zentralen Verkehrsknotenpunkt. Dann stand er drei Jahre leer und sollte schließlich sogar abgerissen werden. Gerade noch rechtzeitig besann man sich darauf, dass der Turm in erster Linie ein Kunstwerk im öffentlichen Raum darstellt. Es wird höchste Zeit, dass der Backsteinturm, der dem Platz einen zentralen Punkt bietet, auch von den Vorbeihastenden als Kunstwerk wahrgenommen wird.

Verkehrsturm · Domsheide · 28195 Bremen · Straßenbahnen 2, 3, 4, 6, 8 bis Domsheide

11 Urinieren unerwünscht

Im 20. Jahrhundert wurde das Urinieren an Häuserecken in der Stadt ebenso ungern gesehen oder gerochen wie heute. Eindeutige Schilder oder ein Piktogramm waren noch nicht einmal Utopie. Also behalf man sich mit steinernen Tatsachen, recht unauffällig, aber wirksam! Am Gewerbehaus auf dem Ansgarikirchhof gibt es ein Beispiel dafür. Dort fallen rechts und links neben dem Rundbogenportal muschelförmige Steine in den Ecken auf. Ein sehr effektiver »Spritz-Schutz« gegen das Urinieren in den Gebäudeecken. Die Bremer haben ihn passenderweise »Schürze« getauft, sodass es bis heute keinen Grund gibt, die Nase zu rümpfen – zumindest an dieser Stelle.

Historisches Gewerbehaus · Ansgaritorstr. 24 · 28195 Bremen
Straßenbahnen 2, 3 bis Obernstraße

12 Hochachtung vor einem Bremer Original

Selbstbewusst, den Arm liebevoll um Esel Anton gelegt, blickt sie den Passanten entgegen. Im Dezember 1815 in Bremen geboren, wurde Metta Cordes früh Witwe und stand mittellos mit fünf Kindern da. Mit einem Handwagen voll »Grünkram« eröffnete sie den ersten mobilen Obst- und Gemüseladen in Bremen. Die Leute kauften gerne bei »Mudder Cordes« und schätzten ihr freies Mundwerk. Als ihre Kräfte nachließen, bekam sie den Hund Sultan zum Ziehen des Karrens geschenkt. Inzwischen stadtbekannt, trat nach Sultans Tod Anton in ihr Leben. Gemeinsam zogen sie fast 30 Jahre lang durch die Straßen. »Mudder Cordes« starb im Jahr 1904, fünf Tage vor ihrem 90. Geburtstag.

Skulptur »Mudder Cordes« · Ecke Knochenhauerstr./Carl-Ronning-Str. · 28195 Bremen
Straßenbahnen 4, 6, 8 bis Herdentor

Unauffällig, aber wirkungsvoll – Urinier-Schutz am Portal des Gewerbehauses

Das Fritz-Theater verbindet Live-Entertainment mit Gastronomie.
Hier trifft norddeutscher Matjes auf internationale Spezialitäten.

13

Gelacht wird im Keller

Um 18 Uhr ist Einlass. Knallrote Polsterstühle um dekorierte Tische erwarten die Besucher. Die Speisekarte ist nicht groß, aber ausreichend, und das Besondere: Der gastronomische Service wird während der meisten Vorstellungen aufrechterhalten. Das Fritz-Theater will gut und anspruchsvoll unterhalten, einfach verzaubern und in Atem halten. Das garantiert das abwechslungsreiche Programm: Comedy, Kabarett, Musical, Konzertshow, Revue, darunter zahlreiche Gastspiele. Man ist zu Gast und wird auch so behandelt. Seinen Namen bekam das Theater übrigens zum Andenken an Emil Fritz, der im Jahr 1908 mit dem »Astoria« das erste Varieté in Bremen eröffnete.

Fritz-Theater · Mi–So 19.30 Uhr · Herdentorsteinweg 39 · 28195 Bremen · Tel. 0421/41 65 05 80
www.fritz-bremen.de · Straßenbahnen 4, 6, 8 bis Schüsselkorb

14

Markthalle Acht – Markt- statt Bankhandel

Wo früher Finanzgeschäfte abgewickelt wurden, präsentiert sich ein neuer Genussort in der Innenstadt. Auf 1200 Quadratmetern legen die Anbieter Wert auf Esskultur mit regionalen, saisonalen Produkten. Die große Auswahl an Hausmannskost aus unterschiedlichen Ländern macht die Wahl schwer: türkische Wraps, asiatische Suppen, syrische Falafel, knusprige Pizzen, norddeutscher Matjes und spanische Tapas. Dazu gibt es selbstgemachte Limonade und frisch gebrautes Bier. An langen Holztischen sollen die Besucher ins Gespräch kommen. Rund um die Stände sind Tische und Stühle im witzigen Upcycling-Stil verteilt: Man steht an Traktorschnauzen und lässt sich auf Treckersitzen nieder.

Markthalle Acht · Di–Sa 10–20 Uhr · Domshof 8–12 · 28195 Bremen · www.markthalleacht.de
Straßenbahnen 4, 6, 8 bis Schüsselkorb

15 Moderne Küche in alten Klostermauern

Im Dreieck Schüsselkorb, Sögestraße und Liebfrauenkirchhof stand einst das Katharinenkloster der Dominikanermönche aus dem 13. Jahrhundert. Was früher ein Ort stiller Einkehr war, besticht heute mit einem lebendigen Mix aus Einzelhandel und Gastronomie in moderner Architektur.

Die verglaste Katharinenpassage war die erste ihrer Art in Bremens Innenstadt. Anfang der 70er-Jahre integrierte der Bremer Architekt Carsten Schröck die Reste des Klosters in einen Parkhaus-Neubau. In die gotischen Gewölbe zog eine Gastronomie ein, der Bau der Passage folgte im Jahr 1984.

Im Zuge der Reformation schloss das Kloster 1528 seine Tore. Kirche und Gebäude wurden umgenutzt, etwa als »Gymnasium illustre«, Bibliothek oder, zu Beginn des 20. Jahrhunderts, als Ausstellungsort für die Johann-Focke-Sammlung. Der Zweite Weltkrieg zerstörte das Kloster dann fast vollständig. Allein Reste des Kreuzgangs sowie das Refektorium sind die letzten sichtbaren Zeugen seiner langen Geschichte. Im Refektorium wird heute wieder gespeist: Hinter Spitzbogenfenstern setzt der Gastronom Matthias Cordes in seinem »Stadtwirt« auf einfallsreiche Gerichte mit saisonalen Zutaten, die »Stadtbar« bietet eine umfangreiche Wein- und Cocktailkarte.

▶ Im modernen Ambiente der »genießbar« (www.geniessbar-bremen.de) wird nicht nur die Mittagspause erholsam, mit frisch zubereiteten Snack-Klassikern, Suppen und mehr.

In ihrer Gestaltung will die Ladenpassage Verbindungen zu dem mittelalterlichen Kloster herstellen. Wer auf die Suche geht, entdeckt mehr oder weniger auffallende Details. Die Gänge sind durch Wandreliefs mit mittelalterlichen Architekturelementen und Skulpturen aus Marmor und Granit geschmückt. Manfred Mausz gestaltete sie mit Hummer, Fisch und Schneckenhaus bzw. einer Eidechse, die an den Bibelspruch 30,28 erinnert: »Die Eidechse kannst Du mit Händen fassen, doch ist sie (auch) in den Palästen der Könige.« Eine Bodenplatte mitten in der Passage zeigt den beeindruckenden Grundriss des einstigen Klostergebäudes.

Katharinenpassage · Mo–Fr 10–19, Sa bis 18 Uhr · zwischen Sögestr. und Katharinenstr. 28195 Bremen · www.katharinenpassage.de · Straßenbahnen 4, 6, 8 bis Schüsselkorb

Nicht nur Tapas und Flammkuchen schmecken hinter alten Klostermauern.

Feine Ornamente aus Bremer Stein an der Fassade des Rathauses
An Rolands Hand erkennt man den Oolithkalk, der aus Sandkörnern aufgebaut ist.

Ein Spaziergang durch Jahrmillionen

16

Über die Weser gelangten Naturbausteine aus den nahen Mittelgebirgen in die Stadt. Bevorzugt wurden leicht zu bearbeitende Sandsteine, überwiegend aus dem Erdmittelalter, also 251 bis 65 Millionen Jahre alt. Ein Spaziergang in der Innenstadt mit Blick auf die Fassaden ist wie ein Schnelllauf durch die Erdgeschichte.

Die ältesten Bausteine zeigt die Deutsche Bank am Domshof. Die intensive Rotfärbung dieser feinkörnigen Maintal-Sandsteine (etwa 250 Mio. Jahre alt) erzählt von einem fast tropischen Klima. Auch die Ablagerungsbedingungen einiger anderer Fassadengesteine zeugen von hohen Temperaturen und einer Besiedlung mit Schalentieren im Gezeitenbereich eines Flachmeeres. Trotzdem haben sie sich im regnerischen Norden wunderbar erhalten!

Ein Sprung hinüber zur Markthalle Acht führt ans Ende des Erdmittelalters (60–80 Mio. Jahre). Die Fassade ist mit Kelheimer Grünsandstein verblendet, der vor allem nach dem Regen leicht grün erscheint. Es lassen sich viele Schalenbruchstücke von Muschel- und Schneckengehäusen oder einzelne Seeigelstachel entdecken. Der grobkörnige Porta-Sandstein des Doms (130 Mio. Jahre alt) zeigt deutlich braune »Flatschen«. Diese Eisen- und Toneinlagerungen machen den Baustein äußerst verwitterungsbeständig, was die fast tausendjährige Geschichte des Doms beweist.

Das ursprünglich für die Roland-Statue genutzte Gestein ist ein Oolithkalk (220 Mio. Jahre alt), bestehend aus etwa stecknadelkopfgroßen Ooiden: Dabei bilden meist Sandkörner den Kern, um den herum sich der Kalk angelagert hat. Nach mehreren Restaurierungen an der Figur sieht man den Originalkalk nur noch an den Händen und der rechten Säule.

Typisch für die Bauten der Weserrenaissance ist der Obernkirchener Sandstein (130 Millionen Jahre alt) aus dem Weserbergland, auch Bremer Stein genannt. Seine Feinkörnigkeit macht ihn gut bearbeitbar, auch zu filigranen Ornamenten, wie man am Schütting, am Rathaus sowie an der Stadtwaage und dem Essighaus in der Langenstraße sehen kann.

Häuserfassaden im Zentrum · Domshof/Am Markt · 28195 Bremen
Straßenbahnen 4, 6, 8 bis Schüsselkorb

17 Kaffeeduft in historischem Ambiente

Wer hätte das gedacht: Jede zweite Tasse Kaffee, die täglich von Flensburg bis Freiburg getrunken wird, stammt von Unternehmen aus Bremen. Der Kaffee spielt in der Hansestadt seit jeher eine große Rolle, wobei kleinere Manufakturen immer wichtiger werden. Bei der Traditionsrösterei Münchhausen sieht man hinter die Kulissen.

Bremen bietet sich als Kaffeestandort seit fast 350 Jahren an. Im Jahr 1673 eröffnete hier das erste Kaffeehaus im deutschsprachigen Raum: Bremens schlechte Trinkwasserqualität war im Mittelalter gerne eine Ausrede dafür, dass die Bürger bereits am Vormittag zum Alkohol griffen. Da kam der Antrag des Niederländers Jan Jansz van Heusden dem Bremer Rat gerade recht. Van Heusden bat um die Erlaubnis, ein Kaffeehaus zu betreiben. So öffnete das »Schütting« seine Tore, in dem der erste Kaffee geröstet und ausgeschenkt wurde.

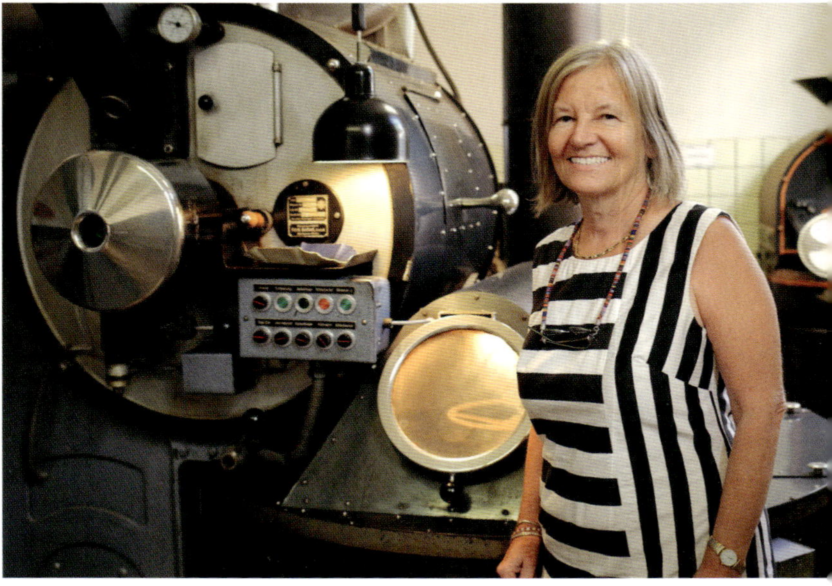

Der Trommelröster ist das Herzstück der alteingesessenen Kaffeerösterei.

Die Kaffeerösterei August Münchhausen wird seit 1935 und bereits in der dritten Generation betrieben. Bis kurz vor seinem Tod stand der Senior mit 92 Jahren noch selbst an der Röstmaschine und war damit Deutschlands ältester Kaffeeröster. Tochter und Enkelin setzen die Tradition dieses Handwerks fort. Führungen (am 3. Samstag eines Monats, nach Anmeldung) für interessierte Kaffeeliebhaber beginnen im kleinen Verkaufsraum mit Ladentheke. Schon beim ersten Blick wird man nostalgisch, vieles erinnert an die 1950er-, 1960er-Jahre. In den Regalen stehen originale Schmuckdosen, Porzellanfilter, Kaffeemühlen, Mahlmaschinen sowie ein Puppengeschirr. Einige Stücke schmückt das Konterfei von August Münchhausen, alias Baron Münchhausen auf der Kanonenkugel. In den Lagerräumen wird der Rohkaffee aufbewahrt, hauptsächlich in Säcken, nur Jamaika liefert noch in Fässern. Das Herzstück der Manufaktur ist das Reich von Röstmeister Kai Weinmann. Er überwacht den Trommelröster aus dem Jahr 1958, der noch heute ohne Murren läuft. Im schonenden Langzeitverfahren wird das Aroma herausgebildet, wodurch der Kaffee besonders bekömmlich wird. Geröstet wird sortenrein, erst danach entstehen Mixturen wie zum Beispiel die Festtagsmischung.

Kaffeerösterei Münchhausen · Mo–Fr 10–12.30 Uhr · Geeren 24 · 28195 Bremen
Tel. 0421/121 00 · www.muenchhausen-kaffee.de · Straßenbahnen 2, 3 bis Radio Bremen

Die Kaffeebohnen werden meist als Sackware bezogen und im Keller gelagert.

Zehn Melodien spielen die Glocken, u. a. das Volkslied »Die Gedanken sind frei«.
Lutscher und Bonbons mit den Stadtmusikanten sind beliebte Souvenirs.

18

Glockenklang in der Böttcherstraße

Täglich zur vollen Stunde wiederholt sich das gleiche Schauspiel vor dem Haus des Glockenspiels: Beim ersten Klang der 30 zarten Glocken aus Meißner Porzellan recken sich alle Köpfe unisono nach oben. Der Ton wird nicht durch einen Klöppel erzeugt, sondern durch einen Kunststoffhammer von außen, der schnell vor- und zurückschießt, damit die Glocken frei schwingen können. Gleichzeitig dreht sich der runde Eckturm zwischen dem Haus des Glockenspiels und dem Roselius-Haus. Nacheinander erscheinen zehn geschnitzte und farbig bemalte Tafeln mit den Bildern von Pionieren aus der Luft- und Schifffahrt, die den Atlantik überquert haben.

Glockenspiel · April–Dez. stündl. 12–18 Uhr · Böttcherstr. 4–6 · 28195 Bremen
Straßenbahnen 2, 3, 4, 6, 8 bis Domsheide

19

Verführung pur in der Bonbonmanufaktur

Ein fruchtig-süßer Duft liegt in der Luft. Nur durch eine Glasscheibe getrennt, erlebt man hautnah, wie die bunte Zuckermasse im Kupferkessel erhitzt, kurz zu einer bestimmten Temperatur abgekühlt und kräftig durchgeknetet wird. Langgezogene, dünne Stangen schneidet die Bonbonmaschine anschließend zu hübschen kleinen »Kissen«, die sofort für einen ersten Geschmackstest zur Verfügung stehen. Mehr als 100 verschiedene Bonbonsorten, von fruchtig-frisch bis chili-scharf, stellen Sabine Marquardt und ihr Team her. Ausgefallene Sorten mit ortstypischen Namen wie »Schwarzer Roland«, »Bremer Ahoi« oder »Rote Grütze« sind der Renner als süßes Souvenir im luftdichten Schraubglas.

Bonbonmanufaktur · Mo–Sa 11–18, April–Dez. auch So 12–17 Uhr · Böttcherstr. 8 · 28195 Bremen
Tel. 0421/36 49 12 31 · www.bremer-bonbon-manufaktur.de
Straßenbahnen 2, 3, 4, 6, 8 bis Domsheide

20 Das weltweit erste Museum für eine Künstlerin

Durch die Mischung aus offensichtlicher und versteckter Kunst lässt sich hier immer wieder etwas Neues entdecken. Auf einer Länge von nur 100 Schritten hat man in der Böttcherstraße die Qual der Wahl: Gemütliche Lokale, Kunsthandwerkerstätten, Geschäfte, ein Kino und Museen wollen erkundet werden.

Die schmale Gasse ist ein Spiegel der schillernden Persönlichkeit des Kaffeekaufmanns Ludwig Roselius (1874–1943). Er war durch entkoffeinierten Kaffee zu Reichtum gekommen, sein Herz schlug jedoch für die Kunst. Für die einst heruntergekommene Böttcherstraße hatte er die Vision eines Gesamtkunstwerks. Allein ein Renaissancehaus, das heutige Roselius-Haus (um 1588), konnte restauriert werden, die anderen ließ er zu Beginn des 20. Jahrhunderts von den Architekten Alfred Runge und Eduard Scotland sowie dem Bildhauer Bernhard Hoetger in expressionistischem Stil neu aufbauen.

Mit dem Museum für Paula Modersohn-Becker schuf Roselius im Jahr 1927 das weltweit erste Künstlerinnen-Museum. Der Bau gilt als wichtiges Beispiel expressionistischer Architektur und das Innere zeigt mit den Hauptwerken der Künstlerin eindrucksvoll ihr Schaffen. Roselius verehrte die junge Malerin, die als Pionierin der Moderne galt. Sie wollte »den Köpfen, die ich malte oder zeichnete, die Einfachheit der Natur verleihen …« und verstand sich als Figurenmalerin. Gegen den Widerstand der Männerwelt, der Kritiker und der eigenen Familie malte sie unbeirrt und fand ihren unverwechselbaren Stil. In der Ehe mit Otto Modersohn gab es Hochs und Tiefs, doch als im Jahr 1907 die ersehnte Tochter Mathilde geboren wurde, schien ihr Glück perfekt zu sein. Aber nicht einmal drei Wochen später starb Paula Modersohn-Becker an einer Embolie. Ihre letzten Worte waren: »Wie schade«.

Das LED-Kunstwerk von Jenny Holzer (*1950) im Treppenhaus greift die zentralen Aspekte und das kurze Leben der Künstlerin auf. Rilke, der schon zu ihren Lebzeiten ihr Talent erkannte, widmete ihr nach dem allzu frühen Tod ein Requiem. Für eine Freundin.

Paula Modersohn-Becker Museum · Di–So 11–18 Uhr · Böttcherstr. 6–10 · 28195 Bremen
Tel. 0421/338 82 22 · www.museum-boettcherstrasse.de · Straßenbahnen 2, 3, 4, 6, 8 bis Domsheide

Paula Modersohn-Bec er, Bildnis Lee Hoetger vor Blumengrund, 1906

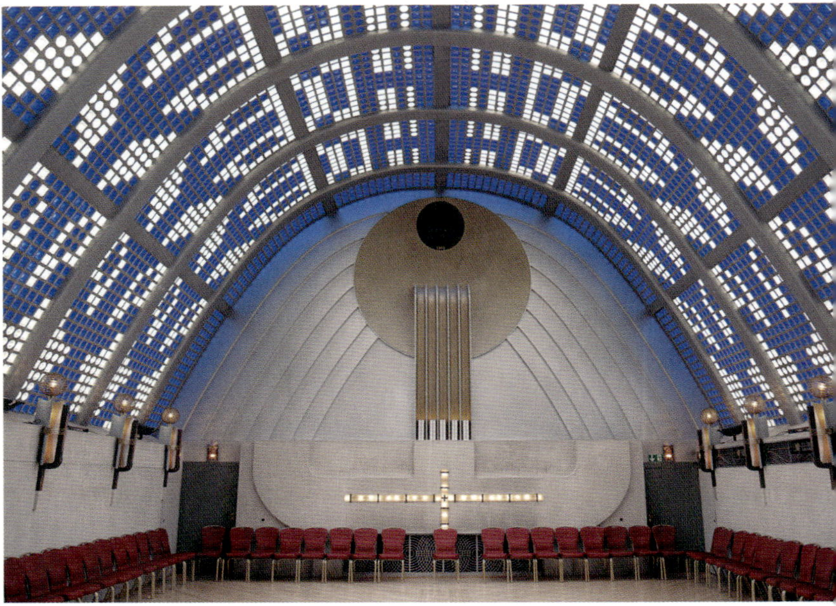

Im Himmelssaal erwartet den Besucher eine besondere Atmosphäre.
Die Heimkehr: Sechs Holztafeln erzählen die Geschichte von Robinson Crusoe.

Ein Haus für Robinson Crusoe 21

Den wohl berühmtesten Schiffbrüchigen der Welt hat es nie wirklich gegeben. Seinen Namen kennt trotzdem jedes Kind: Robinson Crusoe. Was aber hat die vielleicht bekannteste Romanfigur der Literaturgeschichte mit Bremen zu tun? Ganz einfach: Der Kaffeehändler Ludwig Roselius »adoptierte« ihn.

Schon die ersten Zeilen des Romans von Daniel Defoe aus dem Jahr 1719 verraten, dass Robinson Crusoe eigentlich Kreutznaer hieß und sein Vater ein Kaufmann aus Bremen war. Dieser siedelte nach England über, wo er der leichteren Aussprache wegen Crusoe genannt wurde. Diese kurze Einführung reichte Ludwig Roselius aus, um ihn vor seinem geistigen Auge als Handel treibenden Seemann zu sehen, der gut in einer Straße wie der Böttcherstraße gewohnt haben könnte. So stand dem Bau eines Robinson-Crusoe-Hauses nichts im Weg.

Es wurde im Jahr 1931 als letztes Gebäude in der Böttcherstraße nach den Plänen von Karl von Weihe und Ludwig Roselius fertiggestellt. Der große Mäzen setzte damit der Romangestalt Crusoe ein Denkmal, dessen Pioniergeist und Tatendrang er bewunderte – für ihn typisch hanseatische Tugenden. Sechs großformatige Holztafeln des Künstlers Theodor Schultz-Walbaum illustrieren wichtige Stationen des fiktiven Seefahrers, der 28 Jahre auf einer einsamen Insel verbringen musste. Die üppig gemalten Tafeln haben heute noch ihren Platz im Treppenhaus des Robinson-Crusoe-Hauses. Im Erdgeschoss betreibt die Privatrösterei »Büchlers Beste Bohne« ein Café, geröstet wird in einer kleinen Manufaktur in Bremen. Ein zusätzliches Schmankerl sind die Schokoladenkompositionen aus allen Ländern der Welt.

Nicht versäumen sollte man den Aufstieg in den Himmelssaal im Haus Atlantis direkt gegenüber, der heute zu einem Hotel gehört, aber im Rahmen von Führungen zugänglich ist. Eine Wendeltreppe im Art-déco-Stil führt unter die gewaltige Kuppel des Saales, die zwischen den Stahlträgern mit weißen und leuchtend blauen Glassteinen gefüllt ist.

Robinson-Crusoe-Haus · Café »Büchlers Beste Bohne« · Mo–Fr 11–18, Sa ab 10, So 11–16 Uhr
Böttcherstr. 1 · 28195 Bremen · Straßenbahnen 2, 3, 4, 6, 8 bis Domsheide

22 Die Sieben Faulen – Bremer Ideenreichtum

Getreu dem Motto »Buten und Binnen – Wagen und Winnen«, ohne Risiko kein Gewinn, erfand Friedrich Wagenfeld im 19. Jahrhundert die Geschichte von den Sieben Faulen. Dem aufmerksamen Besucher begegnen sie gleich zweimal in der an Kunstwerken reichen Böttcherstraße, die auch als Bremens Märchengasse bezeichnet wird.

Im Handwerkerhof am Brunnen fallen sie sofort ins Auge: Bernhard Hoetger gestaltete sie, auf der faulen Haut liegend, dem Nichtstun hingegeben. Die Interpretation von Aloys Röhr entdeckt man meist erst beim Verlassen der Gasse. Die großen Steinfiguren zieren den Giebel des Hauses zum Markt. Dort stehen sie forsch und aufrecht, den Blick in die Zukunft gerichtet, sichtlich zufrieden mit sich. Wer waren die Sieben Faulen und wie kam es zu der auffallend unterschiedlichen Gestaltung der Skulpturen?

▶ **Auf der Terrasse des Atlantic Grand Hotel gibt es zum Feierabend Snacks und Drinks mit fantastischem Ausblick über die Stadt (April–Aug., letzter Do im Monat).**

Die Geschichte geht so: Ein aufrechter Bauer aus dem Stephani-Viertel in Bremen war zu arm, um seinen Söhnen eine Arbeit zu verschaffen. Die Söhne lebten in den Tag hinein, bis sie eines Tages genug davon hatten und in die Welt zogen. Voller Tatendrang und mit innovativen Ideen kehrten sie nach Jahr und Tag in die Heimatstadt zurück. Die in ihren Traditionen gefangenen Nachbarn legten jedoch alles, was die Brüder anpackten, als Faulheit aus: Sie bauten den Brunnen nur, um das Wasser nicht vom Fluss heranschleppen zu müssen, sie errichteten Deiche, um bei Hochwasser keine nassen Füße zu bekommen, sie legten Straßen an, weil es ihnen zu beschwerlich war, durch Matsch zu laufen, sie bauten Brücken, um schneller ans Ziel zu kommen und vieles mehr. Die Moral von der Geschichte: Engstirnigkeit behindert den technischen und kulturellen Fortschritt – wer nicht wagt, der nicht gewinnt. Das Vorbild für die Sieben Faulen waren wahrscheinlich sogenannte Hollandgänger, die im fortschrittlichen Nachbarland vom Deich- und Straßenbau sowie der Entwässerung lernten und profitierten.

Die Sieben Faulen · Böttcherstraße/Handwerkerhof · 28195 Bremen
Straßenbahnen 2, 3, 4, 6, 8 bis Domsheide

Zwei der Sieben Faulen bevor sie in die Welt zogen, am Brunnen im Handwerkerhof

Der alte Wasserlauf wird durch Bronzeplatten sichtbar gemacht.

Auf den Spuren des alten Hafens

23

Das Hafengebiet der mittelalterlichen Stadt kann man sich fast ein wenig wie Klein-Venedig vorstellen. Ein Teil war von etwa einem Dutzend Brücken überspannt und von einem Netz von Weserarmen durchzogen. Dort war der Mittelpunkt der Stadt, in dem sich das Handels- und Geschäftsleben abspielte.

Als Nebenarm der Weser floss die Balge einst durch den Schnoor, südlich am Marktplatz vorbei, über die Gasse »Hinter dem Schütting« bis zur Schlachte und zurück in die Weser. So entstand eine Insel, die nur über Brücken zu erreichen war. Straßennamen wie Balgebrückstraße oder Stintbrücke erinnern daran, ebenso rechteckige Bronzeplatten auf dem Straßenpflaster mit der Aufschrift »Balge«. Folgt man ihnen, entdeckt man den ehemaligen Verlauf der einstigen Lebensader der Stadt.

Händler aus allen Teilen des Landes kamen über Weser und Balge direkt in den Stadthafen am heutigen Marktplatz, um ihre Ware anzubieten. Als jedoch die Handelskoggen immer größer und breiter wurden, war der geschützte Ankerplatz mitten in der Stadt bald zu schmal. Die Versuche der Bremer Bürger, durch Holzpflöcke und Flechtmatten dem ständigen Uferabtrag infolge von Wellenschlag und Eis Herr zu werden, schlugen fehl. Auch ein neuer Durchstich zur Weser, der den Wasseraustausch verbessern sollte und die Balge im Schnoor in die Klosterbalge und die Große Balge teilte, brachte keine nachhaltige Besserung. Der Weserarm verkam immer mehr zum öffentlichen Abfallbecken. Nachdem sich bereits gegen Ende des 13. Jahrhunderts der Schiffsverkehr immer mehr auf die Schlachte verlagert hatte, wurde die Balge an vielen Stellen überbrückt und überbaut, bis sie im Jahr 1883 gänzlich zugeschüttet und kanalisiert wurde. Der versonnene Fischerjunge »Fietje Balge« von Bernd Altenstein in der Gasse »Hinter dem Schütting« erinnert an das einstige Flair des regen Hafentreibens.

▶ **In gemütlicher Kaffeehaus-Atmosphäre verwöhnt das »Classico« am Markt den Gast mit Torten und italienischen Eisspezialitäten aus eigener Herstellung (www.classico-bremen.de).**

Balge-Bronzeplatten · Schnoor und Marktplatz · 28195 Bremen
Straßenbahnen 2, 3, 4, 6, 8 bis Domsheide

24 Guter Trick – der »Schluck aus der Lampe«

Der »Sluk ut de Lamp« sorgt für das Wohlergehen. So sah es wenigstens der schwedische Arzt, nach dessen Rezeptur der Kräuterschnaps bis heute hergestellt wird. Er und einige Familienmitglieder sind immerhin mehr als 100 Jahre alt geworden! Das Gasthaus aus der Zeit um 1400 wurde ab Anfang des 20. Jahrhunderts als Bürohaus der Vereinigten Klavierträger genutzt. Aus dieser Zeit stammt die Sitte, den Schnaps aus einer Laterne zu servieren, denn die Klavierträger durften während der Arbeitszeit keinen Alkohol trinken. Sie funktionierten kurzerhand eine alte Lampe zur Schnapsflasche um. Den »heilsamen Schluck« aus der Lampe sollte man probieren.

»Spitzen Gebel« · Mo–Fr ab 12, Sa ab 11 Uhr · Hinter dem Schütting 1 · 28195 Bremen
Tel. 0421/330 68 98 · www-spitzen-gebel.de · Straßenbahnen 2, 3, 4, 6, 8 bis Domsheide

25 Kohl und Pinkel – deftige Tradition

Das Leibgericht des Bremers isst man in den Kohlmonaten Januar bis März, wenn der erste Frost über das beliebte Wintergemüse gegangen ist. Er wird mit Speck gekocht, bis er braun ist und dazu gibt es den sogenannten Pinkel, eine grobkörnige Grützwurst. Die danach benannten Kohl-und-Pinkel-Fahrten sind der Höhepunkt der Saison. Man zieht in Gruppen und einem Leiterwagen aufs Land hinaus, mit an Bord genügend Alkohol – der Bekömmlichkeit wegen. Die Tour endet in einem »Kohl«-bekannten Lokal. In der Brauerei »Schüttinger« oder im »Friesenhof« mitten in der Stadt gibt es das traditionelle Essen auch ohne vorherige Kohlfahrt – einfach mal zum Ausprobieren.

»Schüttinger« · **»Friesenhof«** · Hinter dem Schütting 12–13 · Mo–Fr ab 12, Sa, So ab 11 Uhr
www.schuettinger.de, www.friesenhof-bremen.de · Straßenbahnen 2, 3, 4, 6, 8 bis Domsheide

Der Kräuterschnaps soll wahre Wunder bewirken.
Bremer Kohl erhält durch rote Pigmente beim Kochen die typisch bräunliche Färbung.

Die Schlachte ist im Sommer Bremens zweites Wohnzimmer.

Die Schlachte – wo Wasser Freiheit bedeutete

26

Für das Feierabendbierchen gibt es bei schönem Wetter kaum einen gemütlicheren Platz als die Schlachte. Der alte Hafenkai, wo einst die Waren umgeschlagen wurden, hat sich zu einem der beliebtesten Treffpunkte von Gästen und Einheimischen entwickelt. Hier herrscht Urlaubsstimmung direkt am Wasser.

Der ungewöhnliche Name Schlachte geht auf Befestigungspfähle der Uferanlagen zurück, die man im Mittelalter in den sandigen Grund schlug und mit einem Flechtwerk aus Lehm und Weidenzweigen verband. Das Einschlagen hieß auf Niederdeutsch »slait« und wandelte sich in »slagde« um.

Etwa ab Ende des 14. Jahrhunderts hatte sich der Hafen weg vom Marktplatz an die Schlachte verlegt. Dort wurden Waren begutachtet und umgeschlagen, riesige Speicher gefüllt und auf Karren abtransportiert. Bis ins 18. Jahrhundert war die Weser wichtigster Transportweg, unter anderem für das Baumaterial der typischen Bremer Häuser im Stil der Weserrenaissance. Den Bremern bescherte sie Neugier und eine offene Weltanschauung, denn ein Fluss bedeutete immer auch Aufbruch, in neue Länder und Abenteuer.

Ab 1880 verhinderte der größere Tiefgang der Schiffe das Anlaufen des Hafens. Zurück blieben flache Frachtkähne, Fischerboote und die Fährstationen entlang der Weser. Der Zweite Weltkrieg brachte die Zäsur: Viele Bauten waren zerstört, Ratten eroberten das Terrain, schnell hochgezogene Geschäftshäuser und chaotische Straßenzustände prägten die Weserseite der Stadt. Es dauerte einige Zeit, bis sich die Bremer auf ihr schönes Weserufer besannen. Heute besteht die Schlachte aus zwei Ebenen: Oben reihen sich Restaurants, Eiscafés und Cocktailbars, die Tische und Stühle vor die Tür gestellt haben und teils an der Kaimauer einen Biergarten betreiben. Unten lädt die mehr als zwei Kilometer lange Weserpromenade zum Skaten, Radeln oder Spazierengehen bis zur Überseestadt ein. Sandsteintreppen bieten Gelegenheit zum Sitzen und Schauen, zahlreiche historische und moderne Schiffe haben wieder an den Mauern festgemacht.

Schlachte · Kajenmarkt: Mai–Sept. Sa 10–16 Uhr mit Livemusik · Schlachte-Zauber: Weihnachtsmarkt, Dez. · 28195 Bremen · Straßenbahnen 2, 3, 4, 6, 8 bis Domsheide

Auf der Promenade oder direkt am Wasser – der Weserblick ist beim Feierabendbier sicher.

27 Festgezurrt nach Jahren auf hoher See

Sich einmal fühlen wie Captain Hornblower bei seinen Eroberungsfahrten! Man braucht ein wenig Fantasie, um sich die geblähten Segel und die stürmische See vorzustellen, aber erst einmal an Deck der »Alexander von Humboldt«, scheint eine Reise über den Atlantik vorstellbar. Im Jahr 1906 lief das ehemalige Feuerschiff in der Bremer Werft AG Weser vom Stapel. Mit 80 Jahren wurde es außer Dienst gestellt und legte als Schulschiff mit den charakteristischen grünen Segeln über 500 000 Seemeilen zurück. Nun kehrte die »Alexander von Humboldt« als Hotel- und Gastronomieschiff in ihre Geburtsstadt zurück. An der Schlachte vertäut, bietet sie den Gästen regionale und saisonale Gerichte und Übernachtungsmöglichkeiten in Doppel- und Vierbettkabinen.

»Alexander von Humboldt« · 11.30–21.30 Uhr · Martinianleger · 28195 Bremen
Tel. 0421/38 03 96 99 · www.alex-das-schiff.de · Straßenbahnen 2, 3, 4, 6, 8 bis Domsheide

Man hat sofort das Bild von im Wind geblähten, grünen Segeln vor Augen.

Banknachbar mit Humor gesucht!

28

Vicco von Bülow (1923–2011) alias Loriot, produzierte zwischen 1976 und 1978 bei Radio Bremen seine legendäre gleichnamige Fernsehsendung. Die Bremer Schauspielerin Ingeborg Heydorn spielte dabei oftmals seine Ehefrau. Die Anmoderation der Sketche präsentierte der Humorist auf dem berühmten grünen Sofa. Das nun steht zur Freude der Besucher, in Bronze gegossen, vor dem Funkhaus in der Diepenau 10, selbstverständlich mit Mops.

Die Stadt Bremen hat dem vielseitigen Künstler ein weiteres Denkmal gesetzt. Am Loriotplatz, gegenüber der Haltestelle Herdentor, sitzt sein berühmter Knollennasenmann auf einer Bank – ganz entspannt und in Gedanken versunken. Der Platz neben ihm ist frei!

Loriot-Bank · Loriotplatz · Straßenbahnen 4, 6, 8 bis Herdentor

Loriots Knollennasenmann lädt zur Pause ein.

Um den »dritten Mann« unter Wasser zu entdecken, muss man genau hinsehen.

Baden im Schnoor – nicht nur ›reiner‹ Spaß

29

Etwa 100 Fachwerkhäuser verschiedener Baustile drängen sich im Schnoor-Viertel zwischen Dom und Weser eng aneinander. Seit Jahrhunderten scheint sich hier nur wenig verändert zu haben. Beim Bummel durch die verwinkelten, autofreien Gassen spürt man immer noch diese ganz eigene Stimmung.

Eine fast schnurgerade Straße, an der sich bis über 400 Jahre alte »Puppenstuben«-Häuser aufreihen, gab dem Viertel den Namen: Schnoor. Es war das Revier der Handwerker, Zigarrenmacher, Scherenschleifer, Fischer und Seeleute. Inzwischen haben die ursprünglichen Bewohner Platz gemacht für Künstler, Goldschmiede, Gastronome und Galeristen. Es gibt viel zu entdecken, an den Fassaden und natürlich im Angebot der winzigen Ladengeschäfte.

Bevor man in die enge Schnoor-Gasse eintaucht, locken die gewichtigen Figuren auf dem Brunnen am Stavendamm zum Betrachten und Schmunzeln. Jürgen Cominottos Skulptur »Beim Bade« erinnert daran, dass es hier, im ältesten erhaltenen Teil Bremens, einst öffentliche Badestuben (Staven = beheizte Stuben) gab. Wegen der fehlenden Geschlechtertrennung galten sie allerdings als äußerst anrüchig. Nicht nur die Seeleute, die auf die nächste Ladung warteten, besuchten sie gerne. Dort gingen die Bader ihrer Arbeit nach und die Kunden gönnten sich neben Rasur und Haarschnitt ein entspannendes Bad. Dabei übernahmen sogenannte Reiberinnen das Einseifen, Trockenreiben – und einiges mehr, so erzählt man sich. Auch diesen Damen ist mit der Skulptur ein Denkmal gesetzt. Die Badestuben dienten jedoch auch dem täglichen Badebetrieb. Das Weserwasser wurde morgens eingelassen und bis abends nicht getauscht! Es war also ratsam, schon zeitig zu erscheinen.

Ein früher Besuch empfiehlt sich auch für den Bummel durch das Viertel, wenn man Details entdecken und in Ruhe stöbern möchte.

▶ **Das »Café Tölke« (Schnoor 23a) bietet einen Logenplatz bei exquisiten Kaffeespezialitäten, Apfelstrudel und Sachertorte; drinnen herrscht gemütliche Kaffeehaus-Atmosphäre.**

Brunnenskulptur »Beim Bade« · Schnoor, Stavendamm · 28195 Bremen
Straßenbahnen 2, 3, 4, 6, 8 bis Domsheide

30 ART15 – Kunstmagnet im Schnoor

Der Blick durch die Sprossenfenster eines der ältesten Giebelhäuser Bremens macht neugierig. Zwischen weiß gekalkten Backsteinwänden und Säulen mit historischem Dekor verteilen sich ungewöhnliche und eigenwillige Kunstwerke: von Malerei über Fotografie bis hin zu Skulptur, von gegenständlich bis abstrakt.

In dem denkmalgeschützten Haus hat sich eine Künstlergemeinschaft unterschiedlichster Genres zusammengeschlossen, die die Kunst erneut im Schnoor-Viertel etablieren möchte. Denn obwohl der Schnoor im Zweiten Weltkrieg weitgehend von Bomben verschont blieb, drohte dieser ursprüngliche Teil der Stadt immer mehr zu verfallen. In den 1950er-Jahren sollte er – dem Zeitgeist entsprechend – abgerissen und neu bebaut werden. Es war vor allem der Intervention von Kunst- und Architekturstudenten zu verdanken, dass ein Schnoor-Statut den Abriss verhinderte. Die Sanierung bis in die 1970er-Jahre, unter Leitung des Denkmalpflegers Karl Dillschneider, folgte dem historischen Bild, das bis heute die Touristen anzieht.

▶ Einen Versuch ist es wert: Passt man durch die schmalste Gasse in Bremen? Das Bremer Nadelöhr führt parallel zur Gasse Wüstestätte hinter dem »Katzen-Café« vorbei.

Dem Viertel drückten damals Künstler und Kunsthandwerker ihren Stempel auf. Doch schon bald musste die Bohème dem wachsenden Kommerzgedanken weichen. Heute wollen die ansässigen Galerien den kreativen Geist zurückholen und den Schnoor wieder anziehend für Kunstinteressierte machen. ART15 unterstützt junge Kunstschaffende, ihr Potenzial zu entfalten. Im ansprechenden Inneren der Galerie werden eindimensionale und plastische Kunstwerke wie auch Videoinstallationen präsentiert. Zu verschiedenen Anlässen, wie der KunstLounge, werden die Vernissagen von Lesungen, Performances und Livemusik eingerahmt.

Geht man nach so einem Abend wieder hinaus vor die Tür, und die Lichter aus dem Inneren tauchen die kopfsteingepflasterten Gassen in diffuses Licht, dann erlebt man eine ganz andere Stimmung in diesem Viertel.

Galerie ART15 · Di–Fr 14–18, Sa, So 12–18 Uhr · Schnoor 15 · 28195 Bremen · Tel. 0429/89 59 290
www.art-15.de · Straßenbahnen 2, 3, 4, 6, 8 bis Domsheide

ART15 bringt die Kunstszene zurück ins Schnoor-Viertel.

Der heilige Jakobus erinnert an die ehemalige Herberge der Wallfahrer.

»Ist das ein Piratenkapitän?« 31

Oft bleibt er unentdeckt, da die Aufmerksamkeit in der Schnoor-Gasse »Wüstestätte« von den schmalen Häuschen sowie den Ladengeschäften und deren Auslagen in Anspruch genommen wird. Erst nach dem Abbiegen in die nächste Gasse fällt der Blick zurück auf die markante Gestalt oben in der Fassade.

Der erste Gedanke: »Fluch der Karibik« in Bremen? Etwas irritiert jedoch an der hölzernen Figur, die ihren Platz in einer halbrunden Nische eines Packhauses aus dem 19. Jahrhundert gefunden hat. Sie wirkt eher demütig, nicht frech-herausfordernd wie Sir Henry Morgan oder Jack Sparrow. Zudem fallen die fast handtellergroßen Muscheln an Hut und Mantel auf, wie auch der Wanderstab. Jacobus Major steht in großen Lettern unter der Skulptur.

Jacobus gilt als einer der ersten christlichen Märtyrer und bis heute als Schutzpatron der Pilger, Seefahrer und Reisenden. Ein typisches Erkennungsmerkmal sind die Jakobsmuscheln, die den Pilgern unterwegs zum Wasserschöpfen dienten und heute die Wege markieren, die von ganz Europa aus ins nordspanische Santiago de Compostela zum Grab des Heiligen führen. Pilgerscharen machten vor dem Einschiffen in Bremen Station. Das Jakobushaus war in dieser Zeit eine bekannte Herberge für die Wallfahrer. Jedoch spätestens zu Beginn des 18. Jahrhunderts waren diese nicht mehr gern in der Stadt gesehen. Der Protestantismus war fest im Norden verankert und Heilige waren nicht gefragt. Man warf die Pilger mit Wahrsagern, Quacksalbern und Gauklern in einen Topf – als unerwünschte Personen.

Die Herberge wurde im Jahr 1863 nach mehrmaligem Besitzerwechsel wegen des maroden Zustands bis auf die Grundmauern abgerissen. Der Kaufmann Gustav Heinrich Rohte setzte an die Stelle ein vierstöckiges Speicherhaus. Seit 2006 erzählt das Bremer Geschichtenhaus dort vom Leben und Arbeiten in Bremen vom 17. bis ins frühe 20. Jahrhundert. Die Skulptur des Jacobus Major überdauerte die Zeit an seinem Platz in der Fassade, und aus dem plattdeutschen »Jaaks major« wurde im Volksmund der »Juxmajor«.

»Juxmajor« · St. Jakobus-Packhaus · Wüstestätte 10 · 28195 Bremen
Straßenbahnen 2, 3, 4, 6, 8 bis Domsheide

32 Gaumen-, statt Nervenkitzel in der Wache 6

Lang hat die Umbauphase im Atrium des ehemaligen Polizeipräsidiums gedauert. Aber es hat sich gelohnt. Das neue Konzept mit internationaler Gastronomie, eigenwilliger Begrünung und optischer Neugestaltung ist aufgegangen. Köstliche Düfte und Geschmacksvariationen von hanseatisch bis japanisch locken zum Verweilen.

Der Name Wache 6 erinnert an das frühere Polizeipräsidium mit dem Innenstadtrevier 6. Im Juni 1945 erschütterte eine gewaltige Explosion das gesamte Viertel. Was war geschehen? Die US-Besatzungsmacht nutzte das Gebäude als Zwischenlager von Waffen und Munition. Beim Umladen passierte es dann: Eine Kiste fiel, Munition entzündete sich und löste eine Kettenreaktion aus. Teile des Mitteltrakts stürzten ein und rissen dabei mehr als 40 Menschen in den Tod. Mario Puzo, Autor von »Der Pate«, war als amerikanischer Soldat Zeuge dieses Dramas. Er verarbeitete das Erlebnis in dem Roman »Die dunkle Arena« (1955).

Nach dem Umzug der Polizeiwache und dem Umbau zog im Jahr 2004 die Stadtbibliothek ein. Das Atrium blieb jedoch immer ein wenig düster. Heute erinnert nichts mehr an den Schrecken von damals. In dem hellen Innenhof des trutzigen Gebäudes weht das Flair von Urlaub. Ein besonderer Hingucker ist das Baumhaus aus Glas und Stahl. Entworfen hat es der Bremer Architekt Andreas Wenning, der auf »echte« Baumhäuser spezialisiert ist; das Team von Heinrich Günnemann hatte das tonnenschwere Objekt zu handhaben. Der große Kubus steht auf filigranen Stelzen und bietet einen guten Rundblick aus sechs Metern Höhe. Die Nutzungsrechte hat sich das »ZeN« von Tomoko Soejima mit seiner japanisch-vegetarischen Küche gesichert. In das »La Uva« locken Tapas mit einem Duft von Curry, Paprika und Safran und das »Fisherman´s« punktet mit frischen Fischgerichten. Nicht mehr wegzudenken sind die alten Hasen: »Emmi« – die kreative Suppenbar, »Maître Stefan« mit französischen Backwaren aus dem Steinplattenofen und das Bistro »Misay Food« mit hausgemachten Salaten und Snacks zum Mitnehmen.

Wache 6 · Am Wall 201 · 28195 Bremen · Restaurants: Mo–Do 11/12–20, Fr, Sa bis 22 Uhr
Straßenbahnen 2, 3, 4, 6, 8 bis Domsheide

Von außen präsentiert sich die alte Polizeiwache wie eine Trutzburg...
... innen erlebt der Besucher eine ungewöhnliche Leichtigkeit.

Seine Geheimnisse lüftet das »Loch in der Wand« erst in ferner Zukunft.

Das Schwarze Loch von Bremen

33

Gibt es etwas, das in Ihren Augen als Erinnerungsobjekt für die nächsten 50 Jahre erhaltenswert wäre? Dann ist die Bremer Kunsthalle genau der richtige Ort für dessen Aufbewahrung. Dort kann das ausgesuchte Stück zum – unsichtbaren – Teil der Kunstsammlung werden. Allzu groß darf es allerdings nicht sein.

Bremens Kunsthalle ist deutschlandweit eines der ältesten und schönsten Museen, das von einer privaten Trägerschaft finanziert wird. Seit 1849 bringt der »Kunstverein in Bremen« stets große Namen für die regelmäßigen Sonderausstellungen in die Stadt. Dabei werden Gemälde, Skulpturen und Installationen oft in ungewöhnliche Zusammenhänge gestellt. Der Schwerpunkt des Museums liegt in der Kunst des 19. Jahrhunderts aus Deutschland und Frankreich und in einem einzigartigen Kupferstichkabinett mit Grafiken und Handzeichnungen, etwa von Albrecht Dürer und Pablo Picasso.

Die im Jahr 2011 notwendig gewordene Modernisierung des Hauses verband die modernen Anbauten äußerst harmonisch mit der historischen Substanz. An mehreren Stellen wurde die alte Fassade in den Raum integriert. Dort, zwischen dem Neubau aus Beton und der ehemaligen Außenfassade, ist das Werk »Hole in the Wall« des Künstlers Wolfgang Hainke (*1944) versteckt. Er ließ in dem Schacht zwischen den Gebäudeteilen eine Sandsteinröhre in die Tiefe hinab, gesägt aus einem Steinblock der alten Kunsthalle. Der Hohlraum dient als Speicher von Dokumenten und Gegenständen, die die Besucher darin deponieren können und die auf diese Weise in die Sammlung des Museums aufgenommen werden. Die Öffnung des Schwarzen Lochs ist so hoch angebracht, dass man nicht hineinschauen kann und sich auf Zehenspitzen stellen muss, um den persönlichen Schatz hineinzuwerfen.

Laut Definition fallen in ein Schwarzes Loch Materie und Informationen, ohne wieder nach außen gelangen zu können. Es will also gut überlegt sein, was man zum unsichtbaren Teil der Sammlung der Bremer Kunsthalle beitragen möchte.

Kunsthalle: »Hole in the Wall« · Di 10–21, Mi–So bis 17 Uhr · Am Wall 207 · 28195 Bremen
Tel. 0421/32 90 80 · www.kunsthalle-bremen.de · Straßenbahnen 2, 3, 4, 6, 8 bis Domsheide

34 Dem Himmel ganz nah – in der Kunsthalle

*Die begehbare Lichtinstallation »Above – Between – Below« von James Turrell (*1943) erstreckt sich mit exakt übereinanderliegenden Lichträumen über drei Etagen. Sie bilden einen Erfahrungsraum, einen »Skyspace«, der den Besucher für das natürliche Licht und den Zugang zum Universum sensibilisieren will.*

Bei der Planung eines solchen Raums bezieht der amerikanische Lichtkünstler immer den Standort mit ein. So sieht man in der ovalen Steinplatte im Erdgeschoss exakt die Konstellation der Sterne, die am 23. Juni 1961 – dem Tag der Wiedereröffnung der Kunsthalle – am genau gegenüberliegenden Punkt der Erde, etwas nördlich von Neuseeland, zu sehen war. Nach oben reicht der Blick durch verglaste, farbig beleuchtete Öffnungen in Boden und Decke der Etagen bis in den Bremer Himmel. Im ersten Stock steht der Besucher daher quasi im Mittelpunkt der Erde zwischen Nord- und Südhalbkugel. In der obersten Etage geben umlaufende Sitzbänke den nötigen Halt, die Veränderung der Farbe, des Lichts und der Stimmung eine Zeit lang zu beobachten.

▶ **Gerhard-Marcks-Haus: Dem herausragenden Bildhauer und Schöpfer der Stadtmusikanten ist ein eigenes, äußerst sehenswertes Museum gewidmet (www.marcks.de).**

Ein sich langsam änderndes Lichtband taucht die Räume in verschiedene milchige, neblige Farben und ändert so zusätzlich die Himmelswahrnehmung. Die Farbveränderungen erfasst man zunächst wie ein Bild, bei längerem Eintauchen und Fallenlassen in die Lichtinstallation wirken sie dann fast wie eine dreidimensionale Form, die schwer zu fassen ist. Solche optischen Illusionen hervorzurufen, ist das großartige Talent von James Turrell. Ist der Himmel über Bremen klar, öffnet sich bei Dämmerung die Dachluke, sodass der reale Sternenhimmel sichtbar wird. Auf diese Weise schafft Turrell mit seiner Installation einen solchen »Skyspace« – die einzigartige Verbindung von Erde und Himmel. Und die Sterne über dem Bremer Nordhimmel vermischen sich mit denen über der Südhälfte der Erdkugel.

Kunsthalle: »Above – Between – Below« · Di 10–21, Mi–So bis 17 Uhr · Am Wall 207
28195 Bremen · Tel. 0421/32 90 80 · www.kunsthalle-bremen.de
Straßenbahnen 2, 3, 4, 6, 8 bis Domsheide

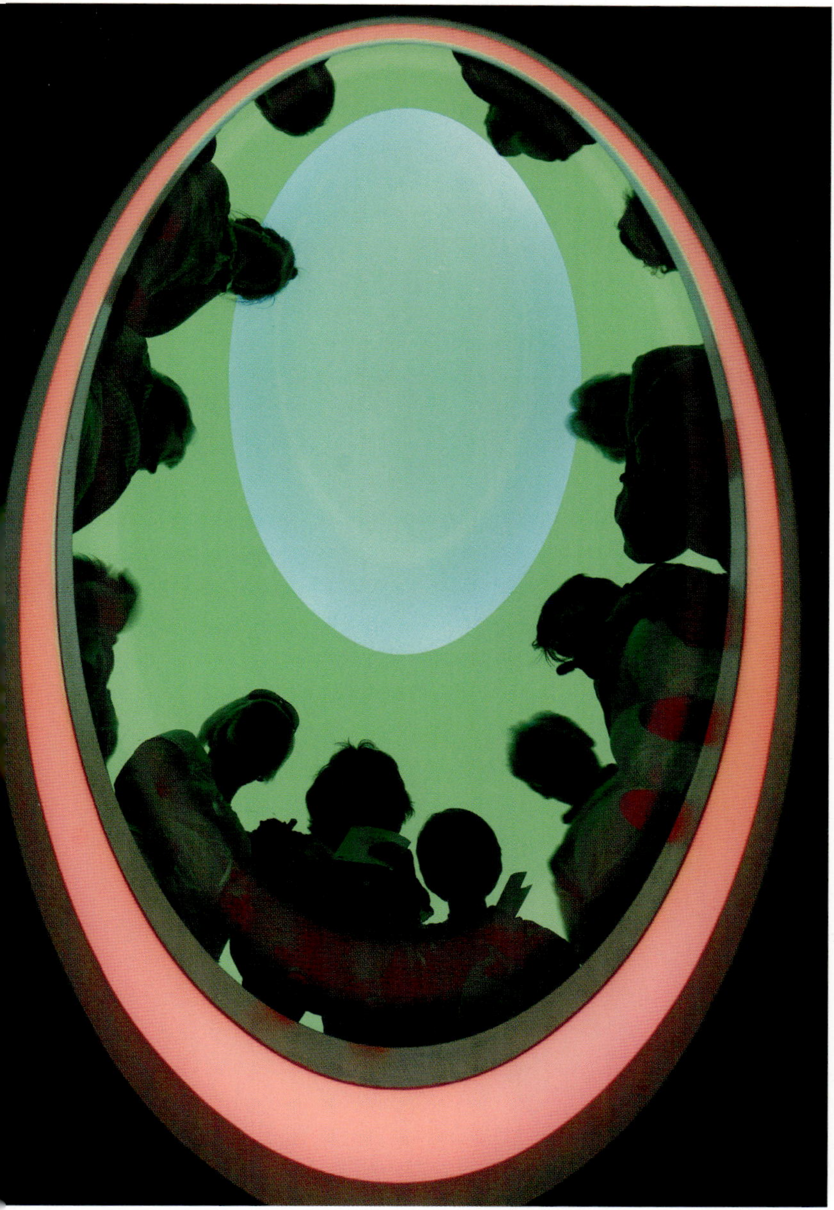

Farbenspiel von James Turrells Lichtinstallation

Das ehemalige Torhaus gehört zu Bremens »Kulturmeile«.
Zeitloses Design im Wilhelm-Wagenfeld-Haus

Torhaus – Gefängnis – Design der Moderne

35

Gemeinsam mit der Bremer Kunsthalle, dem Gerhard-Marcks-Haus, der Villa Ichon und dem Theater am Goetheplatz gehört das Wilhelm-Wagenfeld-Haus zur »Kulturmeile« der Stadt. Es zeigt Ausschnitte des Schaffens von Wagenfeld, die jeder kennt, aber selten dem in Bremen geborenen Bauhausschüler zuschreiben würde.

Das Gebäude wurde 1828 zusammen mit dem gegenüberliegenden Gerhard-Marcks-Haus im Stile Schinkels als Wach- und Torhaus am Ostertor errichtet. Bis zur Öffnung der Stadtgrenzen mussten dort auf Warenimporte Steuern gezahlt werden. Danach diente der Bau bis in die 1990er-Jahre als Gefangenenhaus, Gestapo-Gefängnis, Polizeigewahrsam und Abschiebehaftanstalt. Die erste Insassin war die Giftmörderin Gesche Gottfried, der letzte ein Abschiebehäftling, der aus Verzweiflung ein Feuer in seiner Zelle gelegt hatte. Der Zellentrakt im Seitenflügel kann besichtigt werden.

Seit 1998 sind das Bremer Designzentrum und die Wilhelm-Wagenfeld-Stiftung als Hausherren eingezogen. Sie betreuen den Nachlass eines der bedeutendsten deutschen Produktdesigner. Wilhelm Wagenfeld (1900–1990) war Lehrling einer Bremer Silberschmiede, Schüler der Kunstgewerbeschule, Student der Zeichenakademie in Hanau und Bauhausschüler in Weimar. Seine geniale Idee war es, Gegenstände für den täglichen Gebrauch zu entwerfen, die praktisch, nützlich, zeitlos und zugleich formschön sind. Genau so, »dass sich der Reichste wünscht, sie zu besitzen, und so preiswert, dass auch der Ärmste sie sich kaufen kann«. Seine Produkte kennt eigentlich jeder, meist jedoch ohne zu ahnen, dass sie von Wagenfeld stammen. Dazu gehören das Teeservice aus hitzebeständigem Jenaer-Glas, das weiterhin in Jena unverändert hergestellt wird, die schlichten Salz- und Pfefferstreuer »Max und Moritz«, das Stapelgeschirr »Kubus« und die berühmte Wagenfeld-Leuchte aus Opalglas und vernickeltem Stahl, die heute begehrter denn je ist. Dinge, die der Mensch nicht braucht, interessierten Wagenfeld nie, so sah er sich selbst auch als Formengestalter, nicht als Designer.

Wilhelm-Wagenfeld-Haus · Di 15–21, Mi–So 10–18 Uhr (bei Ausstellungen) · Am Wall 209
Tel. 0421/339 99 33 · www.wilhelm-wagenfeld-stiftung.de
Straßenbahnen 2, 3, 4, 6, 8 bis Domsheide

36 Einst waren es vier – die Mühlen am Wall

Die Mühle am Herdentor ist ein Hingucker, vor allem durch die jahreszeitlich angepasste bunte Bepflanzung am darunterliegenden Hang. Auf dem Weg vom Herdentor in die Altstadt fliegen ihr Augen und Herzen zu. Mehl wird hier zwar schon lange nicht mehr gemahlen, dafür aber Kaffee – die »Kaffeemühlenmischung«.

Die Herdentorwallmühle hat ein bewegtes Leben hinter sich. Den traditionsreichen Standort erbte sie von mehreren Vorgängerinnen. Diese standen auf den höher gelegenen Punkten vor den Toren der Bremer Altstadt. Dort, auf den Festungsanlagen, wehte ausreichend Wind, um die großen Flügel in Gang zu halten. Nach mehreren verheerenden Bränden errichtete der Mühlenbaumeister Berend Erling Anfang des 19. Jahrhunderts die Wallmühle als eine Kappenwindmühle mit einem achteckigen Backsteinunterbau, damit der Wind noch besser die Flügel erfassen konnte. Zunächst wurde der ortsfremde Handwerksmeister von der Bremer Zimmermannsinnung äußerst skeptisch beäugt. Der Zunftmeister strengte sogar eine Klage gegen ihn an, die er jedoch verlor. Der Senat ließ sich vielmehr durch Empfehlungsschreiben leiten – unter anderem von den Mühlenbesitzern, die die hervorragende Arbeit Erlings lobten – und ernannte ihn im Jahr 1828 zum Freymeister. So konnte er sich als erfolgreicher Mühlenbaumeister in Bremen etablieren. Nach Beendigung seines Arbeitslebens, zog er selbst in seine Mühle ein.

Seit 1889 ist die Stadt Bremen deren Besitzerin. Das Gebäude überstand einen weiteren Brand und war schon zwei Jahre später (1900) wiederhergestellt. Gemahlen wurde dort nur noch selten, denn zu Beginn des 20. Jahrhunderts setzte das große Mühlensterben mit der Motorisierung durch Dampfmaschinen und später durch Elektromotoren ein. Der Staat tat ein Übriges: Mitte des 20. Jahrhunderts trat das Mühlenstilllegungsgesetz in Kraft, mit dem die Schließung der kleineren Mühlen finanziell unterstützt wurde. Heute ist die »Kaffeemühle« ein Gastronomiebetrieb und bietet mit Restaurant und Cafégarten einen grünen Platz, mitten in der Innenstadt.

»Kaffeemühle« · Mo–Fr 12–22, Sa, So ab 9.30 Uhr · Am Wall 212 · 28195 Bremen
Tel. 0421/14466 · www.muehle-bremen.de · Straßenbahnen 4, 6, 8 bis Herdentor

Das Muster des Hangbeetes aus bis zu 25 000 Pflanzen ist bis zuletzt streng geheim.

Des Bischofs »privater« Zugang zur Stadt

Geheimer Stadt-Durchlass

37

Ein grünes Band mit breiten Wasserläufen und verschlungenen Wegen schließt die Altstadt-»Insel« nach Nordosten ab. Nur wenige Gehminuten trennen die Shoppingmeile von dem erholsamen Grün. Auf dem Weg vom Domshof durch die Bischofsnadel kommt man einem uralten Geheimnis auf die Spur.

Nadel nannte man im Mittelalter einen schmalen Durchlass in der Stadtmauer, durch den man nach Torschluss gegen Bezahlung eingelassen wurde. Der Bischof sowie die Bewohner des Dombezirks hatten selbstverständlich eine eigene Nadel, durch die sogar eine Kutsche passte. Ungesehen gelangten sie so zum Stadtgraben oder zu geheimen Verabredungen.

Anfang des 16. Jahrhunderts war die alte Stadtmauer den Angriffen der Feinde nicht mehr gewachsen, zusätzliche Erdwälle sowie die Verbreiterung und Vertiefung des Wassergrabens sollten Abhilfe schaffen. Dadurch wurde jedoch der geheime Ausgang versperrt und die Bischofsnadel endete in einer Sackgasse. Zwei Jahrhunderte später hatten die Befestigungsanlagen ihre militärische Bedeutung verloren und verfielen zusehends. Auf den Wallflächen breiteten sich Gemüsegärten aus, die Bäume wuchsen zu schattigen Gruppen zusammen. Die Ratsherren entschlossen sich, die Befestigungen endgültig abzureißen und die Wallflächen von Isaak Altmann zu einem englischen Landschaftspark mit Spazierwegen und schattigen Ruheplätzen gestalten zu lassen. So gab es wieder einen freien Zugang in die Stadt über die Bischofsnadel. Seit 1969 ist sie durch eine Unterführung mit den Wallanlagen verbunden und bleibt damit ihrer Bedeutung als enger Durchgang treu.

Am Ausgang steht man mit Verwunderung mitten im Grünen. Ein winziges Café lädt ein, mit Blick auf die Anlage mit dem Wassergraben und dem Pflanzenreichtum. Ein Stück weiter, am Ende der schmalen Fußgängerbrücke über den Wallgraben, hat das alte Bischofstor seinen Platz gefunden. Daneben macht das ehemalige Wachhäuschen mit Dreiecksgiebel und dorischer Säule neugierig, in dem eine winzige Backstube eingerichtet ist.

Bischofsnadel · Wallanlagen · Straßenbahnen 4, 6, 8 bis Schüsselkorb

38 Große Kunst der Barkeeper

Rot dominiert in der »Lemon Lounge« am Wall, es geht stilvoll, gleichzeitig locker und sehr entspannt zu. Die Stimmung steht und fällt mit Chefbarkeeper Thomas Gutowski und seinem Team. Sie müssen nicht nur mehr als 1000 Cocktailrezepte im Kopf haben, sondern sind vor allem gute Zuhörer, Kumpel und mitunter sogar Seelsorger. Die Cocktailklassiker gibt es stets perfekt zubereitet. Bei Unschlüssigkeit, Stimmungsschwankungen oder als Neuling sollte man sich einfach der großen Erfahrung des Barkeepers anvertrauen. An diese Kunst kann man sich in Grund-, Aufbau- und Intensivkursen herantasten – allerdings sind sie sehr begehrt und schnell ausgebucht.

»Lemon Lounge« · Di–Sa ab 18, Sommer ab 20 Uhr · Am Wall 164 · 28295 Bremen
Tel. 0421/51 48 8 55 · www.lemonlounge.de · Straßenbahnen 4, 6, 8 bis Schüsselkorb

39 Schein-Idylle an der Hauswand

Fast jeder Bremer kennt es: das alte Paar, das so freundlich schauend auf der Fensterbank lehnt. Nicht alle wissen jedoch, dass es die beiden wirklich gab: Es sind Johanne und Robert Wagner. Gemalt hat sie Peter (Karl Friedrich) Krüger, der sich mit dem Hebekran an die Fassade heranfahren lassen musste. »Jeden Tag mindestens einen Pinselstrich«, ist die Devise des 1945 geboren Künstlers, um immer im Training zu bleiben. Mitte der 1970er-Jahre gewann er den Wettbewerb »Kunst im öffentlichen Raum« mit diesem Giebel-Wandbild, das als Kritik gegen den Kahlschlag im Ostertorviertel gedacht war und zum Symbol des Umdenkens in der Bremer Stadtplanung avancierte.

P. Krüger, »Blick aus dem Fenster« · Auf den Häfen 30–32 · Straßenbahn 10 bis Humboldtstraße

Einer von tausend Cocktails, vom Könner gemacht
»Blick aus dem Fenster«: eine der ersten Fassaden-Malereien in Bremen

Ottilie Hoffmann, eine engagierte Frauenrechtlerin und Wohltäterin

40

»Wir gehen nach Ottilie!«

Seit Ende der 1980er-Jahre steht auf dem Ulrichsplatz die Großplastik »Ottilie« von Jürgen Cominotto. Sie ist begehrtes Kletterobjekt, beliebter Treffpunkt für Verabredungen oder dient schon mal als Ruheplatz für die kurze Verschnaufpause. Doch wer wird hier dargestellt, wer ist die selbstbewusste Dame?

Gestiftet wurde die Figur vom Deutschen Frauenbund für alkoholfreie Kultur. Hilft das weiter? Fangen wir von vorne an: Ottilie Franziska Hoffmann (1835–1925) wird im Ostertor-Viertel geboren. Aufgewachsen als höhere Tochter, will sie die Gesellschaft positiv beeinflussen und wird Lehrerin. Während ihrer Anstellung als Privatlehrerin einer aristokratischen Familie in England, lernt sie das soziale Engagement englischer Frauen in der Temperance Society kennen, die sich vehement gegen Alkoholmissbrauch und Gewalt in der Familie einsetzt. Nach ihrer Rückkehr stellt sie sich an die Spitze der Abstinenzbewegung in Deutschland und ist an der Gründung des Bundes Deutscher Frauenvereine beteiligt. Ihr Leben lang engagiert sie sich für die Frauenrechte, mischt sich in gesellschaftliche Probleme ein und hält wegweisende Vorträge bei nationalen und internationalen Kongressen.

Ottilie Hoffmann unterhielt am Ende des 19. Jahrhunderts mehrere Speise- und sogenannte Milchhäuschen, die ihren Namen trugen. Es gab Kaffee und Suppe, um dem Alkoholkonsum entgegenzutreten und der ärmeren Bevölkerung eine warme Mahlzeit zu bieten. Dies war im Ersten Weltkrieg notwendig geworden, als viele Frauen und Kinder unversorgt waren. Gleichzeitig verringerte sich die Unfallgefahr für Hafenarbeiter, die gegen ihren Durst nun Alkoholfreies angeboten bekamen. Die »Ottilien« waren weit über Bremen hinaus als Speisehäuser bekannt, und in Bremen hieß es: »Wir gehen nach Ottilie!« Heute ist die Bronze-Ottilie ein Treffpunkt, genügend »Speisehäuser« gibt es aber in unmittelbarer Nähe.

▶ Das »Ambiente«, einst eine »Ottilie«, ist heute Literaturcafé und herrlicher Ausspannort mit Blick auf die Weser (Osterdeich 69a, www.cafe-ambiente.de).

J. Cominotto, »Ottilie« · Ulrichsplatz · 28203 Bremen · Straßenbahnen 2, 3 bis Ulrichsplatz

41 Käsehändler aus Leidenschaft

Käsespezialitäten aus Frankreich, Italien und Deutschland kitzeln schon beim Betreten des kleinen Ladengeschäfts Nase und Gaumen. Doch auch Wurst, Olivenöl, Honig und Wein regen die Geschmacksnerven an. Da wird das Probieren zum eigentlichen Einkaufserlebnis. Wer nicht bis zu Hause auf die köstlichen Feinschmecker-Leckereien warten will, kann zwischen hausgemachten Pasten, Quiches, Tartes und Salaten wählen und sie gleich an Ort und Stelle genießen. Bei gutem Wetter sitzt man draußen: geschützt an der Hauswand und gerade weit genug von der Fahrstraße entfernt. Fast südliches Flair – wenn das Wetter mitspielt.

Fromagerie … und mehr · Mo–Fr 10–19, Sa bis 16 Uhr · Ostertorsteinweg 67 · 28203 Bremen
Tel. 0421/69 31 28 91 · Straßenbahnen 2, 3 bis Theater am Goetheplatz

42 Ganz besondere Geschenkideen

Mehr als 70 Kreative aus Bremen und Umgebung haben im Produzentenladen »von machen & tun« bereits ihre ungewöhnlichen Ideen vorgestellt. In dem kleinen Geschäft wechseln fantasievolle, lustige, skurrile, schrille, stilvolle, praktische und einfach schöne Dinge öfter ihren Platz, sodass jedes Produkt die Chance auf eine »A-Lage« bekommt. Die Materialien sind so unterschiedlich wie die Werke selbst, wobei die Themen Upcycling und Umweltverträglichkeit eine große Rolle spielen. Notizbücher, Kulturbeutel, Handytaschen, Schmuckstücke, riesige Papiertüten und vieles mehr lassen sich nicht nur gut verschenken, sondern verführen auch – ganz eigennützig – zum Behalten.

»von machen & tun« · Mo 14–18, Di–Fr 11–14, 15–18, Sa 11–16 Uhr · Ostertorsteinweg 46b
Tel. 0421/69663430 · www.von-machen-und-tun.de · Straßenbahnen 2, 3 bis Theater am Goetheplatz

Für Liebhaber von mediterranem Käse, Olivenöl, Honig und Wein
Ein Glücksfall für Fans von außergewöhnlichen Geschenken

Das Sühnekreuz für Johann Vasmer berührt noch heute.

Hinrichtung nach Schauprozess

43

Versteckt zwischen Baum und Büschen vor dem Haus Nr. 10, fällt unvermutet ein etwa zwei Meter großes Steinkreuz auf. Das Gebäude hat keinen religiösen Hintergrund, das Kruzifix muss aber von Bedeutung sein, denn den Straßennamen »Beim steinernen Kreuz« gibt es schon seit Anfang des 18. Jahrhunderts.

Die Klärung der Frage reicht noch weitere Jahrhunderte zurück. Genauer gesagt bis zum 20. Juni 1430. An diesem Tag wurde der ehemalige Bremer Bürgermeister Johann Vasmer (um 1365–1430) nach einem Schauprozess hingerichtet. Auf dem Mühlberg im Viertel, in der Nähe des Paulsklosters, wurde er geköpft. Die Anklage lautete auf Hochverrat.

Was war passiert? Johann Vasmer wurde im Jahr 1426 erneut zu einem von zwei Bürgermeistern gewählt. Es war eine Zeit ständiger Auseinandersetzungen der inneren Verfassung und des äußeren Friedens, die unter anderem zur Verkleinerung des Rates, zum Ausschluss aus der Hanse und zur Erneuerung des Stadtrechts führten. Vasmer war mit dieser Entwicklung nicht einverstanden und entfernte sich heimlich aus der Stadt. Er wollte sich mit den anderen, bereits geflohenen, ehemaligen Ratsherren verbünden, um sich für die Aufhebung von Reichsacht, Bann und Interdikt einzusetzen. Doch nicht einmal einen Monat später wurde er bei Rekum gefasst, vor Gericht gestellt und zum Tode verurteilt.

▶ Die »Küche 13« gegenüber legt Wert auf regionale Bioprodukte und Raffinement, frisch zubereitet vor den Augen der Gäste. Reservieren (www.kueche13.de)!

Fünf Jahre später erwirkte sein Sohn Hinrich beim Kaiser die Rehabilitation seines Vaters. Die Stadt musste Sühnezahlungen leisten und ein steinernes Kreuz als Gedenkstein und sichtbares Sühnezeichen aufstellen. Nach Abtrag des Mühlbergs wurde das Kreuz in die kleine Straße versetzt. Die Relieffiguren von Christus und dem darunter kniend betenden Johann Vasmer sind rot unterlegt, der Porta-Sandstein an vielen Stellen schon verwittert. Das Original-Kruzifix ist inzwischen im Focke-Museum untergebracht.

Steinernes Kreuz · Beim Steinernen Kreuz 10 · 28203 Bremen · Straßenbahnen 2, 3 bis Ulrichsplatz

44 Die Bremer Antwort auf Döner und Pizza

Zu Stoßzeiten bilden sich Schlangen vor dem Fenster zur Straße. Kaum hat man seinen Wunsch geäußert, geht es auch schon los: Frische Teigfladen werden zwischen Rollen gepresst, mit knackigem Inhalt befüllt, knusprig gebacken und in der Tüte über den Tresen gereicht. Alles in Rekordzeit!

Gefühlt rund um die Uhr verrichten die Rollo-Roller im »Tandour« am Sielwall-Eck ihr Handwerk. Die Vielfalt orientiert sich an den Geschmacksrichtungen aus Fernost, der arabischen Welt und Lateinamerika: Mexican, Ceylon, Asia, Arabic, Kikiriki (Hähnchen), Dul Kebap, Cocopan (mit Kokossoße) oder Mozzapan. Die vegetarische Variante gibt es wahlweise mit Zaziki oder Hummus. Als Grundlage gehören immer Falafel, grüner- und Krautsalat, Tomaten und Käse hinein. Das Einzigartige sind die speziellen Soßen, die der Teigrolle die besondere Note verleihen. Der Deutsch-Iraner Hossain Saravi kreierte 1981 in Bremen den ersten Rollo der Welt. Das Geheimnis liegt, laut Saravi, in der Zusammensetzung seiner Soßen, deren Rezepturen bis heute streng gehütet sind.

▶ Ein Abstecher ans Weserufer dauert kaum fünf Minuten. Ein kurzer Gang am Wasser entlang macht den Kopf frei und weckt die Lust zu neuen Taten.

Mittlerweile gehört die originale Fastfood-Kreation zur Hansestadt wie Kohl und Pinkel und ist im Viertel eine Selbstverständlichkeit. Selten endet eine Partynacht ohne einen Rollo im Stehen oder als Proviant für den Heimweg. Man munkelt, dass das Bremer Original bereits seine Reise in den Süden angetreten habe. Angeblich wurden Bremer Rollos bereits in Berlin, Frankfurt und Stuttgart gesichtet!

Eine hanseatisch-arabische Variante bietet die »Schlachthofkneipe« in der Findorffstraße 51 an: den Knipp-Rollo. Zwei original Bremer Gerichte gehen dabei eine gelungene Symbiose ein. Knipp ist eine Art Grützwurst mit Schweinebauch, Schwarte, Rinderleber und Brühe. Bratkartoffeln und Spiegelei werden mit eingerollt, Gurke und Apfelmus gibt es extra. Täglich ab 17 Uhr kann man diese ungewöhnliche Kombination testen.

»Tandour« · Mo–So 10–5 Uhr · Sielwall 5 · 28203 Bremen · Tel. 0421/70 27 50
Straßenbahnen 2, 3, 10 bis Sielwall

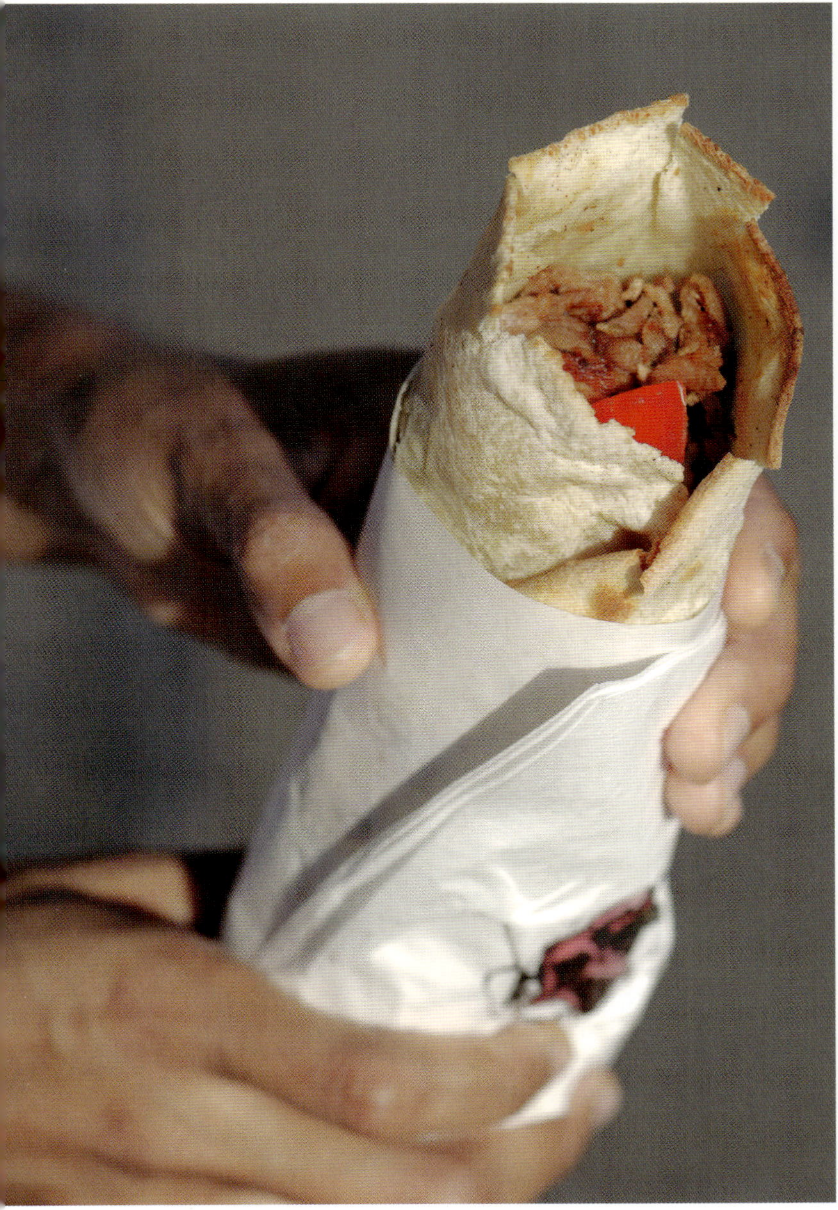

In Rekordzeit wird der variantenreiche Bremer Rollo über die Theke gereicht.

Gemäß traditioneller chinesischer Medizin zubereitetes Mango-Curry
Nicht nur die fein gewürzten Schinken locken in das »El Toro«.

45

Vegane Küche, gepaart mit Ökodesign

Der Schwerpunkt des Restaurants »Vegefarm« liegt auf asiatischer Küche. Im Angebot sind »klassische« Fleisch- und Fischgerichte in veganer Version sowie regionale Gemüse in Bio-Qualität. Ein wenig Exotik liegt in der Luft und kitzelt Nase und Gaumen. Dazu gibt es exquisite Tees aus Asien. Das futuristische Ambiente erfüllt alle Kriterien eines Ecodesigns: Grundlage dafür ist die Berücksichtigung des gesamten Produktionsprozesses eines Gegenstandes. So wird nicht nur auf Nachhaltigkeit der Materialien und Stabilität geachtet, sondern auch darauf, Ressourcen intelligent einzusetzen und die Umwelt minimal zu belasten. Und bequem sitzt man außerdem.

»Vegefarm« · Di–Sa 12–23, So ab 17 Uhr · Hamburger Str. 45–47 · 28203 Bremen
Tel. 0421/70 86 96 60 · www.restaurant.vegefarm.de · Straßenbahn 3 bis Weserstadion

46

Tapas, Wein und Cortado

Schon seit fast 50 Jahren existiert im Steintor der spanische Delikatessenladen »El Toro«. Der Duft nach mediterranen Gewürzen frisch zubereiteter Speisen durchzieht den Verkaufsraum. Inzwischen führt Hammadi Hamrouni zusammen mit seiner Schwiegermutter das Geschäft. Es gibt alles, was das Herz begehrt: Wein, Sherry, Käse- und Schinkenspezialitäten, luftgetrocknete Wurst oder Oliven aller Art. Am Bistrotisch oder draußen vor dem Geschäft sitzt man gerne bei einem Glas Wein, einem Cortado und leckeren Kleinigkeiten. Zur Auswahl stehen unter anderem hausgemachte Tapas, Datteln und Aprikosen im Speckmantel, gefüllte Teigtaschen, Kapern und eingelegte Sardinen.

»El Toro« · Di–Fr 10–18.30, Sa 10–15 Uhr · Vor dem Steintor 170 · 28203 Bremen · Tel. 0421/752 39
Straßenbahnen 2, 3, 10 bis St.-Jürgen-Straße

In Bremen gibt es eine ungewöhnlich bunte und vielfältige Streetart-Szene.

Streetart im Viertel – wo Ernie und Bert winken

47

Das Viertel in Bremen ist in vielerlei Hinsicht bunt. Gerade dort hat sich eine Graffiti-Szene etabliert, die sich auch gegen ein Ende der kulturellen Vielfalt zur Wehr setzen will. Auf dem Weg von »Ernie und Bert« zum »Viertel-Chamäleon« hoch oben am Giebel lernt man, die Streetart-Kultur zu »lesen«.

Beim Schlendern durch den Ostertorsteinweg, die Straße »Vor dem Steintor« und besonders durch die Nebenstraßen zur Weser hin, muss man sich auf diese spezielle Art von Open-Air-Galerie einlassen. Zunächst fallen die großformatigen, bilderbuchschönen Fassadenwerke auf. Sie wurden oft von Geschäften oder Hausbesitzern in Auftrag gegeben und von Graffitikünstlern gestaltet. Einige von ihnen sind inzwischen international anerkannt und stellen weltweit in Galerien aus, wie der 3-D-Maler Jimmi D. Päsler (Haus in der Wulwesstraße 2) oder Markus Genesius, dessen Markenzeichen Variationen zum alten Fernsehtestbild sind (Pinguin und Eisschollen, Mittelstraße).

Andere Streetart-Techniken würde man nicht sofort als schön im herkömmlichen Sinn bezeichnen. Aber genau diese *writings*, *oneliner* (in einem Zug ohne Absetzen gesprayt), *cutouts* oder *stencils* kommen dem Ursprung der Graffitikultur am nächsten. Sie entwickelte sich in den 1970er-Jahren zusammen mit Rap und Breakdance in New York und kam in den 1980er-Jahren nach Deutschland. Die Straße war die Bühne, die die größte Aufmerksamkeit versprach, ohne einschränkende Öffnungszeiten. Während die großen Schriftzüge (*writings*) zur Kommunikation der Sprayer-Gruppen untereinander dienen und als Kunstwerk an sich, sind es meist die kleinen Zettel, die mit Schablonen (*stencils*) schnell gesprühten Zeichen und Figuren, oder die auf Papier gemalten und aufgeklebten Bilder (*cutouts*), die eine politische oder gesellschaftskritische Botschaft beinhalten.

Geht man mit offenen Augen durch das Viertel, unterscheidet man bald zwischen ästhetisch, originell und/oder zum Nachdenken anregenden Werken. Die Bremer Lotsen bieten eine Führung zum Thema Streetart an.

Streetart · vom Sielwall bis zum Goethetheater · Straßenbahnen 2, 3

Im Sommer bietet der Hofgarten die nötige Ruhe vor dem Sturm.
Pasta, Käse und Schinken vom Feinsten, zum Nachtisch gibt es leckere Baisers.

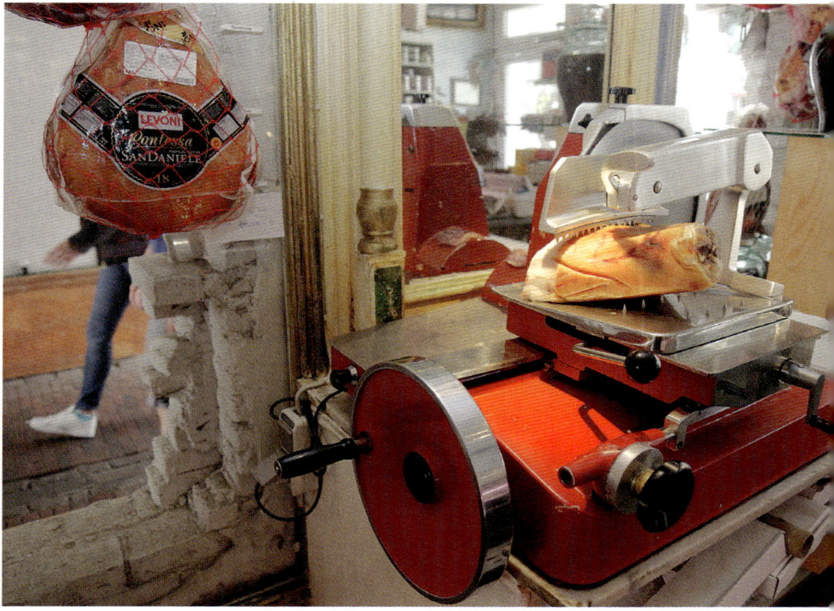

Feine Kost für Gaumen und Augen

48

Zwei Läden, zweimal Sinnesfreuden. Der Duft im Atrium verführt, der Blick ins Innere überrascht: ein alter Tresen, ein Deckenfresko, antik wirkende Säulen und ein unregelmäßiges Loch in der Wand – neu verglast. Nur ein paar Schritte weiter die Straße hinunter zeigt Art ‚n' Card kultige Kunst zum Schmunzeln.

In ihrem Feinkostladen setzt Barbara Zeck auf hausgemachte und importierte Spezialitäten aus dem Mittelmeerraum, natürlich Pasta in allen Variationen, verschiedene Wurst- und Käsesorten, eine Auswahl erlesener Weine und süße Leckereien, wie die immer frischen Baisers.

Die Einrichtung im angeschlossenen Bistro ist von einem eleganten, mediterranen Flair geprägt. In den drei Räumen sitzt man in leichten Korb- oder gediegenen Ledersesseln, bei angenehm indirektem Licht. Das südliche Ambiente setzt sich im üppig begrünten Innenhof fort, in den erstaunlich wenig Straßenlärm dringt. So wird die Mittags- oder Abendstunde zu einer echten Auszeit. In einer offenen Küche entstehen feine kulinarische Köstlichkeiten: Antipasti, Carpaccio, Salatvariationen, hausgemachte Pasta aller Art, Fleisch, Fisch und saisonale Angebote. Dazu stehen exquisite Weine zur Auswahl, die allerdings auch einen exquisiten Preis haben.

Nur ein paar Häuser weiter in dieser Straße, in der Nr. 46, gibt es Ausgefallenes aus Papier. Seit mehr als 25 Jahren bietet Jens Schumacher im Art ‚n' Card ein ausgewähltes Sortiment von Bildern und Drucken an – Klassiker und Neuheiten. Dazu hält er eine große Auswahl an Rahmenleisten, Wechselrahmen, Fertigrahmen und Passepartouts bereit. Der Clou des Ladens ist jedoch die mit viel Liebe und Leidenschaft gepflegte Auswahl an originellen und kunstvollen Grußkarten, die in Bremen ihresgleichen sucht. Mit der Galerie Elke Kramer in der 2. Etage ist, neben der reproduzierten, inzwischen auch echte Kunst zeitgenössischer Maler hier eingezogen.

▶ **Im April ist Bremen im Jazz-Fieber. Während der Messe Jazzahead erklingt die Festival-Musik in Clubs, Kirchen, Theatern, Museen und auf dem Schiff.**

Atrium · www.atrium-bremen.de · **Art ‚n' Card** · www.artncard.de · Vor dem Steintor 34/46
28203 Bremen · Straßenbahnen 2, 3, 10 bis Sielwall

49 Seit über 100 Jahren italienisches Eis

Ein freundlicher Platz in der Mittagssonne lacht den Vorübergehenden an und lädt zu einer genussvollen Pause ein. Die »Gelateria Ferrari« erfreut ihre Gäste bereits in der vierten Generation mit leckeren, selbstgemachten Eisspezialitäten. Kaum jemand ahnt, welch lange Tradition dahinter steckt.

Die Geschichte klingt beinahe wie ein Märchen. Giovanni Chiamulera wagte sich als einer der wenigen Einwanderer zu Beginn des 20. Jahrhunderts nach Deutschland. Im Schnoor gründete er die erste italienische Speiseeis-Fabrik, deren geheime Rezepturen er aus den Dolomiten mitgebracht hatte. Mit einem typischen Handwagen zog er durch die Straßen Bremens, und ertönte die große Glocke, wussten alle: Das Eis steht vor der Tür! Bald florierte das Unternehmen und Chiamulera eröffnete zusammen mit seinem Bruder eine erste Eisdiele im Souterrain der Raths-Apotheke am Markt. Geblieben sind die beiden »Eis«-Schilder am Treppenzugang, die heute den Eingang zur »Raths-Konditorei« markieren.

Mit kleinen Unterbrechungen überstand das Geschäft der Chiamuleras die Wirren der beiden Weltkriege. In den 1950er-Jahren folgte die Blütezeit, da Italien zum Sehnsuchtsland avanciert war: Vespa, Fiat 500, gepunktete Kleider und italienische Eishörnchen waren angesagt. Inzwischen führten die drei in Deutschland geborenen Söhne den Familienbetrieb weiter, bis in den 1970er-Jahren Enkelin Esther Ferrari mit ihrem Mann das Lokal im Steintor eröffnete. Auch heute noch setzt mit Sohn Marco ein Mitglied der Familie die Tradition mit gleicher Leidenschaft fort. Nur ein paar Schwarz-Weiß-Fotografien und ein kurzer Hinweis in der Speisekarte deuten auf die lange Kontinuität der Bremer Eisdynastie hin. Vielen Bremern ist Chiamulera dennoch ein Begriff.

Als Gast genießt man die hausgemachten Sorten mit stets neuen Kreationen im gemütlichen Ladenlokal, dem kleinen, feinen Garten oder direkt auf der Straße – mitten im Geschehen und mit einer Portion Respekt vor dem Mut der italienischen Einwandererfamilie.

»Gelateria Ferrari« · Mo–Sa 10–20, So ab 11 Uhr · Vor dem Steintor 110 · 28203 Bremen
Tel. 0421/737 98 · Straßenbahnen 2, 3, 10 bis Brunnenstraße

Marco Ferrari kreiert immer wieder neue Eissorten.

Ungewöhnliches, Humorvolles, Skurriles und Tragisches auf drei Quadratmetern

Klein, aber fein – der Literaturkeller

50

Der Hausherr, Benedikt Vermeer, empfängt die Zuschauer oben an der Tür und weist die Treppe hinunter in das »kleinste Theater Bremens«. Man fühlt sich gleich als lang erwarteter Gast, nicht als anonymer Besucher. Die Stimmung ist freudig erregt und gespannte Erwartung macht sich breit.

Die große Standuhr schlägt acht, pünktlich betritt Vermeer die drei Quadratmeter kleine Bühne und begrüßt noch einmal sein Publikum. Die Gäste haben es sich auf den 20 Plätzen mit einem Glas Wein bequem gemacht. In dem ehemaligen Weinkeller des Kontorhauses von 1870 ist alles etwas anders, als in üblichen Theaterräumen. Man sitzt auf Tuchfühlung nebeneinander und kaum einen Meter entfernt von den beiden Akteuren Benedikt Vermeer und seiner Frau Gala Z. Die hölzerne Wandverkleidung, die Samtstoffe und die knallroten Rüschenkissen lassen eine heimelige Atmosphäre entstehen, sodass kaum eine Requisite oder Kulisse benötigt wird.

Geboten werden klassische Theaterstücke, zarte Poesie, Biografien oder schaurige Kurzgeschichten von E.T.A. Hoffmann über Goethe und Schiller bis hin zu Poe, Gogol, Busch oder Kästner. Alles konzentriert sich auf die Schauspieler, die ausdrucksstark und mit äußerst facettenreichen Stimmlagen die unterschiedlichsten Figuren zum Leben erwecken. Ein wenig erinnert ihr Spiel an die Art der großartigen Stummfilmstars. Das Programm ist so abwechslungsreich wie die Geschichten, die von dem Ehepaar für den Literaturkeller eigens zugeschnitten und inszeniert werden. Bei der ungeheuren Intensität der Aufführung ist die Dauer der Ein- oder Zweimannstücke von 45 bis 60 Minuten genau richtig gewählt. Erst nach der Vorstellung wird bezahlt: So viel, wie es einem wert war. Der Richtwert liegt bei etwa 20 Euro – oder wieviel man persönlich erübrigen kann. Denn das Literaturtheater will für jeden zugänglich und bezahlbar sein.

▶ **»Mensch, Puppe!«: Das Figurentheater im selben Haus lässt die ungewöhnlichen Handpuppen nicht nur für Kinder in ihre Rollen schlüpfen (www.menschpuppe.de).**

Literaturkeller · Schildstr. 21 · 28203 Bremen · Tel. 0421/792 65 86 · www.literaturkeller-bremen.de
Straßenbahnen 2, 3, 10 bis Sielwall

51 Das Bremer Haus – unendliche Vielfalt

Während in fast allen europäischen Großstädten im Zuge der Industrialisierung Mietskasernen aus dem Boden gestampft wurden, entschied sich Bremen dagegen und kreierte einen eigenen Haustyp, das Bremer Haus. Lässt man sich durch die Seitenstraßen im Viertel treiben, entdeckt man stets neue Varianten.

Zwischen 1850 und 1920, als die Vorstädte außerhalb der Wallanlagen neues Bauland boten, entstand dieses für Bremen so typische Familienhaus. Die kaum vorhandene Industrieansiedlung und das im Jahr 1841 erlassene Verbot von Gängen mit Budenhäusern in engen Gassen, wie sie etwa in Lübeck typisch sind, führten zu einer speziellen Bauweise. Die Hanseaten entwickelten ein Reihenhaus mit spezifischem Charakter in vielerlei Variationen – für Kaufleute ebenso wie für Beamte, Angestellte, Handwerker und Arbeiter.

Idee und Grundriss sind stets identisch: ein bis drei Geschosse, eher tief als breit, hinter dem Haus der Garten, der fast immer tiefer liegt als der Vordereingang. Die größeren Häuser besitzen ein Souterrain, zwei Hauptgeschosse und ein zur Gartenseite hin voll ausgebautes Dachgeschoss. Die Schauseite ist durch Stuckteile aus Zementguss, Portale, Vor- und Rücksprünge oder Ornamente verziert. Das Souterrain mit Küche, Waschküche und Bad wird von der Straßenseite durch einen separaten Eingang erreicht. In das Hochparterre gelangt man – hochwassersicher – über einige Stufen. Jede Etage hat zwei bis drei Haupträume, wobei zwei Zimmer oft durch eine Schiebetür miteinander verbunden sind. Das Dachgeschoss belegten einst die Dienstboten, später wurde dort ein weiteres Bad eingebaut. Zu den Häusern der zweiten Generation gehörten eine verglaste Veranda vorne oder ein Wintergarten hinten, eingesetzt als willkommener Sonnenkollektor und Wärmepuffer.

Das Bremer Haus als Bauform mit geringem Grundstücksbedarf ist heute beliebter denn je. Man glaubt es gern. Schon von außen ist die Vielfalt und individuelle Gestaltung der einzelnen Häuser schön anzusehen, besonders dann, wenn ganze Straßenzüge mit diesem Haustyp bebaut sind.

Bremer Häuser · In den Seitenstraßen vom Sielwall aus Richtung Weser, z. B. Sielwall, Körnerwall, Körnerstraße, Köpkenstraße

Ein Bremer Haus, egal welcher Größe, ist bis heute der Wunschtraum vieler Bremer.

Eine Fahrt mit der Fähre ist fast wie ein Mini-Urlaub an der See.

Die Sielwall-Fähre dreht auch Pirouetten

52

Eine Fahrt mit der Sielwall-Fähre »Ostertor« ist ein Muss für jeden Besucher. Man fühlt sich dabei beinahe wie im Urlaub an der See. Das Boot steuert auf einen Strand mit Bademöglichkeit zu, Kaffeeduft zieht herüber. Dahinter erstreckt sich eine Kleingartenanlage, es führen endlose Spazierwege an der Weser entlang.

Der Fähranleger der Schifffahrtslinie »Hal Över« am Osterdeich liegt in Fußgängerentfernung zur Innenstadt. Meist bildet sich am Anleger eine Schlange von Fußgängern und Radfahrern, die Bremens kürzeste Schifffahrt erleben möchten oder einfach den Pendelverkehr nutzen. Früher ertönte der plattdeutsche Ruf »Hal Över!« (»Hol über!«) nach dem Fährmann am anderen Ufer. Heute genügen ein Winken oder eine Gruppe von wartenden Personen, um die Fähre in Gang zu setzen. Fahrscheine gibt es an Bord oder direkt am Anleger. 42 Passagiere passen auf das Schiff. Warten mehr, kehrt der Fährmann sofort zurück, um auch sie abzuholen. In etwas ruhigeren Zeiten und wenn das Wetter gerade alle froh stimmt, dreht die Fähre auch schon mal beschwingte Pirouetten auf ihrem kurzen Weg.

Auf der anderen Weserseite wartet das »Café Sand« mit Strandkörben, Tischen und einer flachen Badestelle. Gleich dahinter schließt das Gebiet der Kleingarten-Parzellen an und spiegelt das Bedürfnis der Bremer nach einem eigenen Fleckchen Grün wider. Schon ab dem 17. Jahrhundert wurden auf der Neustadtseite Nutzgärten angelegt, die ärmeren Familien in schlechten Zeiten halfen, durch Anbau von Obst und Gemüse über die Runden zu kommen. Angesichts der Wohnungsnot kurz nach dem Zweiten Weltkrieg gestattete Bürgermeister Wilhelm Kaisen den Kleingärtnern per Erlass den Ausbau und das Bewohnen ihrer Häuschen auf Lebenszeit. Heute gibt es noch etwa 600 bewohnbare »Kaisenhäuser«, die jedoch im Lauf der nächsten Jahre abgerissen oder zur Gartenlaube zurückgebaut werden müssen.

▶ Einen Einblick in ein Leben auf engstem Raum in den 1950er- und 1960er-Jahren gewährt das Kaisenhaus-Museum in der Waller Feldmark (Behrensweg 5a).

Sielwall-Fähre · Mo–Fr 7–23 (z.T. länger), Sa, So ab 9 Uhr · www.hal-oever.de
Straßenbahnen 2, 3, 10 bis Sielwall und ein kurzer Fußweg

Der schönste Weg zur Weserinsel

CAFE SAND
SWISS RADAR
OSTERTOR
eins Kurs 93,8 / 89,3
HAL ÖVER

Blick über die Weser zum Weserbogen und dem kleinen Hafen
An der Weserpromenade ist Platz für alle: Radfahrer, Jogger und Spaziergänger.

Idylle am Wasser – der Weserbogen

53

Die Weserpromenade am Osterdeich ist ein viel genutztes Naherholungsgebiet der Bremer. Der begrünte Uferstreifen wird zum beliebten Terrain für die Pause zwischendurch, ausgedehnte Spaziergänge, Seminare im Freien oder die Joggingrunde. Dennoch fehlen auch die lauschigen Plätze nicht, die Ruhe versprechen.

Der Osterdeich zieht sich von der Altstadt flussaufwärts über Peterswerder, eine ehemalige Wiesenlandschaft, bis zur Pauliner Marsch, die im Mittelalter dem Paulskloster gehörte. Die Begradigung der Weser im 19. Jahrhundert zog eine höhere Fließgeschwindigkeit und damit eine erhöhte Hochwassergefahr nach sich. Daher war eine Erhöhung des Deichs unumgänglich geworden, die wiederum eine teilweise Erschließung des Marschlands möglich machte. Das bot Platz für diverse Sportstätten, von denen das Weserstadion die imposanteste ist. Die Heimat des Fußballvereins Werder Bremen liegt als eines der wenigen Stadien in Deutschland innerhalb des Stadtgebiets und ist das einzige, das auch über Wasser erreicht werden kann.

Ein wenig verborgen vom großen Stadion, direkt am markanten Weserbogen, liegt das gleichnamige Café. Die breite Terrasse reicht bis an den netten kleinen Hafen des Segelvereins Weser e.V. Das Anlegen zur Kaffeepause vom Wasser aus ist jederzeit möglich. Den dazugehörigen Biergarten am Weserufer gibt es seit Urzeiten. Dort sitzt man unter Bäumen, und dorthin holt man sich die Getränke und Snacks von den mobilen Buden. Es gibt kaum einen idyllischeren Platz, den Sonnenuntergang zu genießen.

Im weiteren Bereich des Weserbogens entwickelt der Fluss seinen ganzen Charme: Knorrige Bäume stehen direkt am Ufer, deren Zweige teilweise bis ins Wasser reichen. Vor allem frühmorgens und an klaren Wintertagen herrscht dort eine einzigartige Stimmung: Kinderwagen werden geschoben, Tai-Chi-Übungen ausgeführt, Hunde trainiert. Nur selten wagen sich mutige Ruderer auf die Weser, Lastkähne schieben sich langsam voran – hier findet man sich in einer eigenen, fast verwunschenen Welt wieder.

»Café Weserbogen« · Di–Fr ab 14.30, Sa, So ab 11 Uhr · Auf dem Peterswerder 29 · 28205 Bremen
Tel. 0421/437 74 22 · www.cafe-weserbogen.de · Straßenbahnen 2, 3, 10 bis St.-Jürgen-Straße

Die Schleusenkammer für den gewerblichen Verkehr misst enorme 225 Meter.

Faszinierende Technik am Weserwehr

54

Das Weserwehr mit dem Kraftwerk, den neu entwickelten Fischpassagen sowie der Schleusenanlage begeistert immer wieder. Das Bauwerk beeindruckt nicht nur durch die ausgefeilte Ingenieursleistung, sondern bietet stets neue Blickwinkel auf die Weser in ihrer ursprünglichsten Form: als wichtige Verkehrsader.

Nach dem schweren Hochwasser im März 1981, bei dem große Bereiche der Kleingartenareale am Weserufer von den Fluten überspült worden waren, hatte das alte Wehr ausgedient. Bis 1993 entstand weiter flussabwärts ein Neubau, der den Wasserstand der Weser sowie den Hochwasserschutz durch bewegliche Stauklappen regulieren kann. 2011 kam ein neues Kraftwerk dazu, das unterirdisch neben dem Weserwehr läuft. Es ist zurzeit das größte tidenabhängige Laufwasserkraftwerk Deutschlands.

Ebenfalls einmalig in seiner Art und interessant zu beobachten, ist das ausgeklügelte Fischschutzkonzept. Neben gesonderten Auf- und Abstiegsbereichen für die Fische wurde ein neues System entwickelt, das den Tieren eine gefahrlose Passage an den Turbinen vorbei ermöglicht. Mithilfe von Schautafeln kann man den Aufbau der Fischsteige leicht nachvollziehen. Durch die »Raue Rampe« überwinden die Fische auf fast natürlichem Weg – über Kies und Sand – die Höhendifferenz, je nach Tidenhub bis zu vier Metern. Mit ihrem sechsten Sinn, dem sogenannten Seitenlinienorgan, erspüren die Tiere die Strömung und werden so zur Rampe geleitet.

Ein Rad- und Wanderweg mit Beobachtungsbuchten führt über das Wehr und die Schleusenanlage mit der großen und kleinen Schleuse für die gewerbliche Schifffahrt und den Freizeitverkehr. Auch an dieser Weserseite können die Fische über Treppen das Wehr passieren. Hinter der Anlage ist ein weitläufiger Landschaftspark entstanden, der zu ausgedehnten Spaziergängen einlädt. Besonders schön ist es an einem Zwischenarm der Weser. Dort liegen große Steine im Wasser, die Ufer sind ein wenig hügelig und von Büschen umstanden – Erholung pur.

Weserwehr · 28207 Bremen-Hastedt · www.weserkraftwerk-bremen.de
Straßenbahn 3 bis Weserwehr

55

Reise zum Sternenhimmel – bequem im Sessel

Olbers, der Sternforscher: Wird er erwähnt, geht der Blick dabei automatisch nach oben. Seinem Namen begegnet man recht oft im Stadtgebiet – an Schulen, Straßen oder auf Gedenktafeln. Neugierde und Interesse an den Phänomenen des Weltalls weisen den Weg jedoch zuerst zum Bremer Planetarium.

Die Projektionskuppel des Olbers-Planetariums beeindruckt mit einem Durchmesser von sechs Metern. Erwartungsvoll nimmt der Besucher im komfortablen Kinosessel Platz, über seinem Kopf der aktuelle Bremer Sternenhimmel. Dann erfährt er etwas über die momentanen und oft erstaunlichsten Himmelserscheinungen. Da ist vom »Blue Moon« die Rede oder von Polarlichtern – in Bremen allerdings ein äußerst seltenes Phänomen.

Ein anderes Mal fasziniert die vermeintliche Verbindung von Iridium-Satelliten mit einem Ufo. Vielleicht wird gerade dann der Naturforscher aus Bremen zum Vorbild für junge Zuhörer. Als Heinrich Wilhelm Matthias Olbers (1758–1840) sein Herz an die Astronomie verlor, war er nämlich auch nicht älter. Bereits mit zehn Jahren wurde er Augenzeuge eines denkwürdigen Kometenflugs: Durch seine enorme Helligkeit war der Große (Messier-) Komet vier Monate lang mit bloßem Auge zu sehen. Dieses Ereignis verankerte sich in Olbers' Gedächtnis, sodass er später neben medizinischen auch astronomische Vorlesungen besuchte. Bereits zu dieser Zeit entwickelte er eine Methode zur Bahnbestimmung von Kometen, die heute noch angewendet werden kann. Da er mit nur vier Stunden Schlaf am Tag auskam, konnte er sich neben seiner Arztpraxis weiterhin der Astronomie widmen. So entdeckte er die Asteroiden Pallas und Vesta sowie sechs weitere Kometen. Berühmt wurde er jedoch durch sein Olberssches Paradoxon, das sich mit dem Nachthimmel befasst (und durch die Relativitätstheorie aufgelöst wurde): Wäre das sichtbare Universum unendlich und existierte auch eine unendliche Zahl an Sonnen, hätte zudem das Licht eine unbegrenzte Zeit, uns zu erreichen – dann dürfte es nachts auch nicht dunkel werden.

Olbers-Planetarium · nur zu Veranst. geöffnet · Werderstr. 73 · 28199 Bremen
Tel. 0421/408 89 93 00 · planetarium.hs-bremen.de · Straßenbahnen 4, 6, 8 bis Wilhelm-Kaisen-Brücke

Das Planetarium verspricht eine Reise ins Weltall.

Der schöne alte Wasserturm wartet noch auf seine neue Bestimmung.

Johann Poppes »umgedrehte Kommode«

56

Weithin sichtbar steht der Alte Wasserturm am linken Weserufer. Beim Näherkommen verstärkt sich der Eindruck einer mächtigen Trutzburg, jedoch geht so gar nichts Bedrohliches von ihr aus. Mit seinen moosbedeckten Mauern erinnert der Turm eher an einen alten, geduldigen Elefanten.

Und Geduld muss er auch weiterhin aufbringen, denn seit der letzten Tank-Leerung im Jahr 2008 wartet der imposante Backsteinspeicher auf eine neue Nutzung. Das Landesamt für Denkmalschutz und der Investor konnten sich bisher auf kein Projekt einigen. Der Turm aus dem Jahr 1873 ist eines der ersten Sandfilterwerke in Deutschland, seine ausgefeilte Technik stammt von Friedrich Rudolph Berg. In den vier Ecktürmen verbargen sich Schlote für die Dampfmaschinen, die das Wasser hochpumpten, ein Treppenaufgang und das Rohrleitungssystem. Mehr als 100 Jahre brachte die Anlage sauberes Wasser in die Bremer Haushalte. Anschließend dienten die riesigen Behälter als Wasserspeicher für die Becks-Brauerei. Wegen einstiger Einsturzgefahr der Eckpfeiler sind nur Stümpfe erhalten, die wie Stummelbeine in den Himmel ragen. Dies gab ihm den Spitznamen »umgedrehte Kommode«.

Der Entwurf im Stil des angesagten Historismus stammt von dem Bremer Stararchitekten Johann Georg Poppe (1837–1915). Es war sein erster Großauftrag, dem weitere folgten, wie die Baumwollbörse (Wachstraße, mit einem Paternoster-Aufzug!) und die Hauptverwaltung des Norddeutschen Lloyds (abgerissen, ehemals Pelzerstraße/Papenstraße). Bezeichnend für den Architekten war ein pompöser Fassadenschmuck mit üppiger Dekoration nach Art der Neorenaissance und des Neobarocks, die auch bei der noblen Ausstattung der Lloyd-Dampfer erkennbar war. Poppe hat das Bild der Stadt Bremen im 19. Jahrhundert maßgeblich geprägt. Den Übergang zum schlanken, leichteren Baustil des 20. Jahrhunderts konnte und wollte er nicht mehr mitgestalten. Die »umgedrehte Kommode« bleibt jedoch ein geliebtes Wahrzeichen der Stadt und ein Denkmal für den fast vergessenen Architekten.

Alter Wasserturm »Wasserkunst« · Werderstr. 101 · 28199 Bremen
Straßenbahnen 4, 6, 8 bis Wilhelm-Kaisen-Brücke

Vom anderen Weserufer aus ist der historische Wasserspeicher ein besonderer Blickfang.

57 Äthiopisches Buffet im Südbad

Das Angebot im gemütlichen Restaurant »Novazena« ist ausgesprochen reichlich. Die Gäste werden mit Gerichten aus Bioprodukten verwöhnt, weit über das normale Niveau einer Schwimmbad-Gastronomie hinaus. Montags bis freitags verspricht der Mittagstisch täglich wechselnde Gerichte inklusive einer Suppe. Das Besondere ist das Buffet mit äthiopischen Spezialitäten, jeden ersten Samstag im Monat. Seine Grundlage ist das leicht gesäuerte Fladenbrot, das zusammen mit den nationaltypischen Fleisch- und Gemüsegerichten sowie unterschiedlichen vegetarischen Speisen angeboten wird. Dazu gibt es Biokaffee oder äthiopischen Tee mit Zimt, Kardamom und Nelken.

»Novazena« · Mo–Fr 9–23.30, Sa, So 10–22 Uhr · Neustadtwall 81 · 28199 Bremen
Tel. 0421/959 77 77 · www.novazena.de · Straßenbahnen 4, 6 bis Theater am Leibnizplatz

58 Shakespeare und noch viel mehr

Das auch im Ausland viel gelobte Ensemble der Bremer Shakespeare Company bezieht sein Publikum auf ganz subtile Weise mit ein. Der Zuschauer soll weinen, lachen, mitleiden und nachdenklich werden. Die Stücke werden zeitgenössisch, modern, witzig und provozierend inszeniert. Besonders beeindruckend wirkt das Spiel im Sommer, wenn das Theater für fünf Sommernächte auf die Melcherswiese im Bürgerpark zieht. Das Wetter spielt dabei eine eigene Rolle: mal romantisch lau, mal dramatisch wolkenverhangen. Sollte es sich gerade von seiner schlechtesten Seite zeigen, ziehen sich Schauspieler und Publikum einfach in die Theaterräume an der Schulstraße zurück.

Bremer Shakespeare Company · Schulstr. 26 · 28199 Bremen · Tel. 0421/50 03 33
www.shakespeare-company.com · Straßenbahnen 4, 6 bis Theater am Leibnizplatz

So lecker wie es aussieht, schmeckt es auch.
Die Shakespeare Company setzt die Stücke, hier Richard III., exzellent um.

Das Schnürschuh-Theater bietet gute Unterhaltung auf hohem Niveau.

Theater-Spezialität: heiße Eisen, heikle Themen

59

Seit mehr als 40 Jahren schreibt sich das kleine Schnürschuh-Theater Botschaften von Toleranz und Mut auf die Fahne. Die Stücke sind immer nah dran am aktuellen Zeitgeschehen und setzen um, was Jugendliche bewegt. Abends wandelt es sich zum modernen Unterhaltungstheater. Wichtigstes Motto: Spaß am Zuschauen.

Von der Straße auf die Bühne. Das gelang politisch engagierten Studenten, die sich Mitte der 1970er-Jahre zu einem Straßentheater zusammenfanden, um gesellschaftskritische und brisante Themen laut werden zu lassen. Daran hat sich bis heute nichts geändert, auch oder gerade weil sie inzwischen in der Neustadt einen festen Standort gefunden haben. Das dottergelbe, 200 Jahre alte Haus lässt mit seinem verwinkelten Inneren und dem typischen Rot alter Theatersäle gleich Gemütlichkeit aufkommen.

Der künstlerische Leiter Pascal Makowka und ein Team von Festangestellten bilden den Grundstock des Ensembles. Für die Besetzung der Stücke gibt es einen Pool von freien Künstlern, die nach Bedarf eingesetzt werden. Vor allem bei den Stücken für Jugendliche werden immer wieder Tabuthemen zur Sprache gebracht, wie Gewalt, sexueller Missbrauch oder Radikalisierung. Gleichzeitig werden Lösungswege aufgezeigt für ein friedliches Miteinander und die Akzeptanz des anderen. Im Abendtheater liegt der Schwerpunkt auf populären und zeitkritischen Literaturvorlagen wie »Tschick«, »Monsieur Ibrahim und die Blumen des Koran« oder »Herr Lehmann«.

Am dritten Donnerstag im Monat steht die Bühne jedem Vortragswilligen für acht Minuten zur Verfügung. Unter dem Motto »Kunst gegen Bares« hat diese bundesweit erfolgreiche Bühnenshow auch in Bremen ihre Anhänger gefunden. Die Künstler erhalten vom Publikum je nach Gefallen einen Obolus. Die Darbietungen reichen von Stand-up-Comedy, Gesang, Schauspiel, Jonglage bis Gedichtrezitation. Die Reaktion der Zuschauer reicht von Zähne-Zusammenbeißen bis zu entspanntem Lächeln und echter Begeisterung. Sie bleibt aber immer fair, getreu dem Motto des Schnürschuh-Theaters.

Schnürschuh-Theater · Buntentorsteinweg 145 · 28201 Bremen · www.schnuerschuh-theater.de
Straßenbahn 4 bis Schwankhalle

60 Nomen est Omen am Friedhof

Dies ist meist die erste Reaktion auf das Café »Radieschen« beim Friedhof Buntentor! Und genau deshalb gab die Betreiberin Eva-Maria Oelker sich und ihrem Café diesen Namen. Der Zusatz »Kaffee und Erinnerungen« steht für das gelungene Konzept: ein Ort zum Genießen, Begegnen und zum gemeinsamen Innehalten.

Lange Zeit stand das ehemalige Blumengeschäft am Friedhof Buntentor leer, bis Eva »Radieschen« dem Charme der Räumlichkeiten erlag. Genau dort, am Schnittpunkt des lebendigen Buntentorsteinwegs und dem Stadtteil-Friedhof, ließ sich ihre Idee eines Erinnerungscafés umsetzen. Es sollte eine Mischung aus Gastronomie, Kulturbetrieb und Plattform für Gespräche entstehen. Omas Sammelgeschirr mit Goldrand oder 1970er-Jahre-Design gehören genauso dazu wie die überlieferten Kuchenrezepte.

▶ Das grüne Ufer der Kleinen Weser ist beliebt bei Spaziergängern, Radfahrern und Joggern. Über eine schmale Brücke in Höhe Kirchweg erreicht man die Weserinsel.

Trotzdem ist hier nichts altbacken, im Gegenteil. So wie die Erinnerung auch ein Nachdenken über die Zukunft nach sich zieht, wird bei den angebotenen Speisen zwar auf Altbewährtes gesetzt, gebacken und gekocht wird jedoch mit nachhaltigen und fair gehandelten Produkten. Die Bioküche hat Vorrang, beim Belag der Vollkornschnitten ebenso wie beim Mittagstisch von 12 bis 15 Uhr. Eine Auswahl an veganen und vegetarischen Kuchen steht in der Kuchenvitrine bereit, und veganer Brotaufstrich sowie Sojamilch für den Kaffee sind immer im Angebot.

Das »Radieschen« sorgt nicht nur für das leibliche Wohl, sondern lädt zu einem Miteinander in der Nachbarschaft ein, zu Kulturveranstaltungen, gemeinsamem Lesen, zur Auseinandersetzung mit Themen der Zukunft oder auch dem Tabuthema Tod. Darüber hinaus ist das Café einfach ein wunderbarer Platz zum Wohlfühlen bei köstlichen Leckereien, mit einer Kinderecke und einer kleinen Sonnenterrasse. Nach vorne hin mitten im Geschehen, nach hinten mit einem Hauch von Vergänglichkeit.

»Radieschen – Kaffee und Erinnerungen« · Mi–So 12–18.30 Uhr · Buntentorsteinweg 65
28201 Bremen · Tel. 0421/59 76 39 59 · www.radieschen-bremen.de
Straßenbahn 4 bis Schwankhalle

Auf der vorderen Café-Terrasse ist es im Sommer besonders gemütlich.
Fair gehandelter Kaffee ist eine Selbstverständlichkeit.

Die Küche ist das Herzstück des Restaurants »filosoof«.
Der Name verweist auf die niederländischen Wurzeln der Betreiber.

Kunst und Kultur auf historischem Gelände

61

Mitten in der Neustadt erwartet den Besucher eine gelungene Mischung aus Kultur und Gastronomie. Auf der lange ungenutzten Industriefläche einer Brauerei sorgt das Zentrum an der Schwankhalle für künstlerisch-musische Vielfalt. Die unmittelbare Nähe zur Weser erhöht zusätzlich seine Attraktivität.

Anfang des 20. Jahrhunderts standen auf dem Areal zwischen Buntentorsteinweg und der Kleinen Weser die Gebäude der Brauerei Wilhelm Remmer. Bekannt war sie unter anderem durch das »Seefahrtmalz«, das noch heute traditionsgemäß jedes Jahr zur Bremer Schaffermahlzeit gebraut wird. Das Rezept stammt aus dem Jahr 1554, und der Genuss ist etwas fragwürdig, denn das Getränk soll sich geschmacklich an Hustensaft anlehnen! Im Jahr 1917 wurde die Brauerei von der Kaiserbrauerei Beck & Co. aufgekauft, deren Beck´s Biere international bekannt sind.

Inzwischen haben Kunst und Genuss die Gebäude erobert. Im ehemaligen Gär- und Lagerhaus mit seinen beeindruckend dicken Außenwänden haben sich die Musikinitiative Bremen – hervorgegangen aus dem ältesten Jazzclub Deutschlands – und die Städtische Galerie eingerichtet. Dort werden Erstausstellungen junger Künstler, Werkschauen und Retrospektiven präsentiert. Davor liegt das Künstlerhaus »sch wa nk hal le«, eine Spiel- und Produktionsstätte für freie Darstellende Künste mit Theateraufführungen, Konzerten, Performance- sowie Tanzdarbietungen des »steptext dance project«.

Vor und nach den Vorstellungen lässt man sich gern im ehemaligen Sudhaus nieder, dem dritten Gebäude des Komplexes. Barbara und Norbert van Hest legen hier in ihrem Restaurant »filosoof« den Gästen die Philosophie des Slowfood ans Herz. Die elegante, modern gestaltete Einrichtung schafft die passende, angenehme Atmosphäre. Der Blick in die zum Gastraum hin offene Küche macht Lust auf die frischen Speisen aus saisonalen und regionalen Produkten. Das niederländisch-belgische Craft-Bier schmeckt an lauen Abenden besonders gut auf der Sonnenterrasse, untermalt von Live-Auftritten.

Schwankhalle, »filosoof« · Di–So ab 16 Uhr · Tel. 0421/338 35 45 · www.filosoofimsudhaus.de
Buntentorsteinweg 112–120 · 28201 Bremen · Straßenbahn 4 bis Schwankhalle

62 300 Millionen Zigarren in alle Welt

Um 1850 war jeder sechste Bremer in der Zigarrenfabrikation tätig, damals eine der wichtigsten Industriezweige der Stadt. Viele Zigarrenmacher lebten und arbeiteten in den kleinen Häusern im Neustadtquartier Buntentor. Die Bronzeskulptur »Zigarrenmacher« (1984) von Holger Voigts erzählt die Geschichte.

Fünf Personen an einem langen Steintisch zeigen die Arbeitsschritte bei der Zigarrenherstellung: vom »Striepen«, dem Entfernen der Mittelrippe, bis zum Einrollen der Einlage in das Deckblatt. Ein Platz in der Figurenreihe ist freigelassen für den Vorleser, symbolisiert durch ein aufgeschlagenes Buch.

Die Arbeitszeit eines Zigarrenmachers betrug zwölf bis 14 Stunden am Tag, in denen er zu einem Minilohn bis zu 1000 Zigarren herzustellen hatte – in Heimarbeit und in kleinen Fabriken. Um der Monotonie zu entfliehen, heuerten die Arbeiter auf eigene Kosten Vorleser an, die sie aus Zeitungen und sozialistischen Schriften über das Zeitgeschehen informierten. Im offenen Buch der Skulpturengruppe steht: »So konnten sie sich schon früh für die Rechte der Arbeiter einsetzen. Sie bildeten 1849 ihre erste Gewerkschaft, gründeten Unterstützungskassen und ähnliches.« Ob es sich wirklich zu dieser Zeit schon um die Bildung einer Gewerkschaft handelte, ist unbewiesen. Gesichert ist nur, dass es im Dezember 1865 zur Gründung des ersten »Allgemeinen Deutschen Cigarrenarbeiter-Vereins« kam, einem Vorläufer der heutigen Gewerkschaft Nahrung-Genuss-Gaststätten.

Tabak war schon seit dem 16. Jahrhundert in Europa bekannt. Eine erste Nachricht über die Tabakverarbeitung in Bremen stammt von 1663. Anfang des 19. Jahrhunderts steigerte sich die Zigarrenproduktion ständig, sodass die Stadt zum Mittelpunkt des Tabakhandels aufstieg. Aber schon in der zweiten Hälfte des Jahrhunderts konnten die Zigarrenmacher nicht mehr wirtschaftlich arbeiten, die Produktion wanderte ab. Übrig blieb die weltweit einzige Tabakbörse für feines Kraut aus Indonesien. Noch heute wird im Bremer Europahafen der milde indonesische Tabak ersteigert – eine Frage der Tradition.

Holger Voigts, »Die Zigarrenmacher« · Skulptur Ecke Buntentorsteinweg und Kirchweg
Straßenbahn 4 bis Kirchweg

Über zwölf Stunden mussten die Menschen der monotonen Arbeit nachgehen.
Das Entfernen der Mittelrippe aus dem Tabakblatt war der erste Arbeitsschritt.

Auch die Neustädter besaßen ihr Symbol der Freiheit.

Feuerlöschen unter Aufsicht des Kleinen Roland

63

Am Neuen Markt thront hoch oben auf dem alten Feuerlöschbrunnen der Neustädter Roland. Er hat ein deutlich kleineres Format, steht aber ansonsten seinem großen Bruder auf dem Marktplatz in nichts nach. Es ist alles dran: von der Gürtelschnalle, über das Schwert bis zu den spitzen Knien.

Seit 1620 lag die Neustadt innerhalb der Stadtmauern, war aber noch spärlich besiedelt. Die Bewohner bekamen nur ein einfaches Bürgerrecht, das heißt, sie hatten keine Interessenvertretung und durften weder wählen noch einer Zunft angehören. Daher entwickelten sich auf dieser Seite der Weser zunftfreie Gewerbe, wie das der Schuhmacher und Zigarrenhersteller. Dennoch empfanden sich die Bürger dort ebenfalls als Städter – nur in etwas »kleinerem Maßstab«. Auch links der Weser sollte die Roland-Statue, das große Symbol bürgerlicher Rechte und Freiheit, nicht fehlen. Theophilus Wilhelm Frese (1696–1763), ein bekannter Bremer Barockbildhauer, sollte es richten, und so bekamen die Neustädter im Jahr 1737 ihren Kleinen Roland. Er wurde von der ansässigen Polizei gestiftet, damals noch Bürgerkompanie genannt, die den Roland in der Kompaniefahne führte. Dieser Roland ist ein bisschen molliger geraten als der berühmte Bruder. Dafür handelt es sich noch um das Original aus Obernkirchener Sandstein. Seine Kleidung ist prachtvoller ausgefallen, außerdem der Standplatz äußerst attraktiv: Als Zierde des öffentlichen Brunnens krönt er eine mit Ornamenten verzierte Säule.

Die Alt-Bremer rümpften darüber nur die Nase und legten der Statue einige Steine bzw. Schweine in den Weg. So wurde der Schweinemarkt vom Domshof in die Neustadt verlegt und der Roland an die Ecke gedrängt. Noch mehrmals musste er seinen Platz wechseln, bis er endlich am Südende des Neuen Markts zur Ruhe kam. Dies alles ertrug er tapfer und unversehrt, nur die Klinge seines Schwerts verschwand. Aktionskünstler und Pazifist Joachim »Bommel« Fischer hatte gleich eine eigene Interpretation zur Hand: Er sah das abgebrochene Schwert als Mahnmal gegen die Rüstungsproduktion.

Rolandbrunnen · Am Neuen Markt · 28199 Bremen · Straßenbahn 8 bis Am Neuen Markt

64

Der Traum vom Fliegen

In Bremen entwickelte sich sehr früh eine Luft- und Raumfahrtindustrie. Den Anfang machten Henrich Focke und Georg Wulf, die in Bremen die Focke-Wulf Flugzeugbau AG aufbauten. Dort entstand auch der erste voll funktionsfähige Hubschrauber. Dennoch machte ein ganz anderes Flugzeug Bremen weltweit bekannt.

Die Rede ist von der Junkers W33 »Bremen«. Fast genau ein Jahr nach der Atlantiküberquerung von Charles Lindbergh hatte man sie dazu bestimmt, den Flug in der Gegenrichtung zu meistern. Am 12. April 1928 um 8.35 Uhr startete vom irischen Ort Baldonnel der erste Nonstop-Transatlantikflug in Ost-West-Richtung, der wegen der ungünstigen Windverhältnisse als äußerst schwer zu fliegen gilt. An Bord waren Kapitän Hermann Köhl, der irische Copilot James C. Fitzmaurice und Ehrenfried von Hünefeld, der Bremer Eigner der Maschine. Die Höchstgeschwindigkeit lag bei 220 km/h, die Flughöhe schwankte zwischen zehn und 600 Metern, Benzin und Öl reichten für 60 Stunden Flug.

▶ Einfach abheben! Der neue Airbus-Flugsimulator im Bremer Flughafengebäude macht es möglich, das riesige Flugzeug selbst zu steuern (www.flugsimulator.com).

Nach 36 Stunden und 35 Minuten hatte die Crew wohlbehalten Greenly Island vor der Labrador-Halbinsel erreicht. Die »Bremen« brach allerdings bei der Landung in die zu dünne Eisdecke ein, sodass Propeller und Fahrwerk beschädigt wurden. Die drei Pioniere kehrten ohne ihr Flugzeug auf dem Lloyddampfer »Columbus« nach Bremen zurück.

Inzwischen konnte das legendäre Flugzeug durch die Deutsche Lufthansa Berlin-Stiftung zusammen mit dem Verein »Wir holen die Bremen nach Bremen« als Dauerleihgabe in die Stadt zurückgebracht werden. Detailgetreu restauriert ist sie heute als Sahnehäubchen der Exponate der Luft- und Raumfahrtgeschichte in der Bremenhalle des City Airport zu bewundern. Auffallend sind die winzigen Fenster, durch die Sicht und Navigation sicherlich nicht einfach waren – was für eine bewundernswerte Pioniertat.

Bremenhalle/Terminal 3 · tgl. 10–18 Uhr · Flughafenallee 20 · Tel. 0421/55950 · 28199 Bremen
Straßenbahn 6 bis Flughafen

Die Junkers W33 »Bremen« ist auch heute noch für viele mehr als ein Flugzeug.

Im Bürgerpark wurde dessen »Gründerin« ein Denkmal gesetzt.
Dank der Gräfin Emma bekamen die Bremer im Jahr 1032 endlich mehr Weideland.

Ungeahnte Begegnungen – immer wieder Emma

65

Der Sage nach hat Gräfin Emma von Lesum im Jahr 1032 den Bremern die Bürgerweide geschenkt. Faktisch war es Erzbischof Hartwig I., der ihnen ab 1159 die Nutzung des Areals zusicherte. Trotzdem gehört Emma zu Bremen wie Kaffee und Werder, und man trifft sie vielerorts in der Stadt.

Das Café »Emma am See« am gleichnamigen See stammt aus den 1960er-Jahren. Mit breiter Fensterfront und Sonnenterrasse ist es ein steter Anziehungspunkt für die Parkbesucher. Schräg gegenüber steht die Emmabank, die eher an ein Friedhofsdenkmal erinnert und nicht sehr gemütlich ist. Ein genauerer Blick lohnt jedoch, denn neben Tafeln zur Geschichte des Bürgerparks zeigt eine seitliche Markierung das Winterhochwasser von 1880 an – die Linie liegt in äußerst beeindruckender Höhe! Vom Bürgerpark führt die Emmastraße direkt zum kleinen Emmapark mit einer Skulpturengruppe hoch zu Ross. Gräfin Emma sitzt zart und elegant im Damensattel, abgewandt von ihrem raffgierigen Schwager Benno.

Das Chorfenster der St. Johanniskirche im Schnoor zeigt sie als fromme Frau und Friedensstifterin. Den Markt in Lesum schmückt Emma als große Bronzefigur, Christa Baumgärtel hat sie gestaltet.

Wer ist diese allgegenwärtige Frau – übrigens die erste historisch erwähnte Bremerin? Der Sage nach benötigten die Bremer im 11. Jahrhundert dringend mehr Weideland für ihr Vieh. Sie trugen der verwitweten Gräfin ihr Anliegen vor und sie willigte ein, der Stadt so viel Land zu schenken, wie ein Mann an einem Tag umlaufen könne. Aus Angst um sein Erbe wählte ihr Schwager, Herzog Benno von Sachsen, dafür einen Krüppel, der nicht gehen konnte. Der Auserwählte kroch jedoch auf Knien beständig vorwärts, bis er 450 Hektar umrundet hatte: den heutigen Bürgerpark. Neben ihrer Großzügigkeit besaß die Gräfin großes diplomatisches Geschick, das sie bei den Verhandlungen eines Friedensabkommens einsetzen konnte. Nach ihrem Tod heiliggesprochen, wird sie bis heute in der katholischen Kirche verehrt.

»Emma am See« · tgl ab 11 Uhr · Bürgerpark 1 · 28209 Bremen · www.emma-am-see.de
Skulptur »Gräfin Emma und Herzog Benno« · H.-H.-Meier-Allee/Emmastr.

66

Filmtheater mit französischem Charme

Vier Programmkinos bereichern die Bremer Szene mit anspruchsvollen Filmen und unterschiedlichen Schwerpunkten. Die Gondel in Schwachhausen gehört zu jenen Lichtspielhäusern, die in den 1960er-Jahren entstanden sind. Um zu überleben, hat es sich dem Besonderen verschrieben – mit einem Schuss l'art de vivre.

Das kleine Filmkunstkino punktet nicht nur mit äußerster Bequemlichkeit. Der gemütliche Kinosaal mit tiefroten Plüschsesseln und Vorhängen erinnert an die große Zeit des Kinos und strahlt nostalgische Romantik aus. Bei der Wahl des Programms spielt der französische Film eine große Rolle. Die Liebe zu Frankreich setzt sich im angeschlossenen Bistro mit den zwei Außenterrassen fort. Es ist im Stil der Pariser Cafés gestaltet und geschmückt mit Fotos französischer Leinwandgrößen. Anstelle von Cola und Popcorn wird die mediterrane Küche großgeschrieben, mit ausgesuchten Weinen, edlen Pastis-Sorten, Kaffee aus Marseille, Tartes, leckeren Snacks, französischem Gebäck und wechselnden Tagessuppen. Das Angebot verlockt zum gespannten Einstimmen auf den Film oder zum gemütlichen Ausklang danach. Um 12 Uhr mittags gibt es im Kino die erste Vorstellung, nach dem Vorbild der Ciné-Midi, und jeden letzten Mittwoch im Monat wird noch vor dem deutschen Kinostart in der Sneak-Preview das Original mit deutschen Untertiteln gezeigt.

Ausgesuchte, mit Liebe und Engagement produzierte Filme zeigen ebenso das Atlantis in der Böttcherstraße sowie Cinema (Ostertorsteinweg 105) und Schauburg (Vor dem Steintor 114) im Viertel. Das seit 1930 bestehende Atlantis wurde mehrfach ausgezeichnet, unter anderem für herausragende Dokumentarfilme. Die Spezialität des Cinema-Filmtheaters ist seine alternative Programmwahl, für die es zahlreiche Bundesfilmprogrammpreise erhalten hat. Den Eingang zur Schauburg markieren Kaffeehausstühle und gemalte Filmplakate. Katrin Wulfers ist eine der wenigen Filmplakatmalerinnen, die mit den großformatigen Bildern besondere Emotionen hervorruft und damit dem Café im Vorraum ein eigenes Ambiente verleiht.

Gondel Filmtheater · Schwachhauser Heerstr. 207 · 28211 Bremen · Tel. 0421/79 25 50
www.bremerfilmkunsttheater.de · Straßenbahnen 1, 4 bis Kirchbachstraße

Der rote Teppich für die Kinobesucher ist ausgerollt.

67 Bremens grüne Lunge

Bremen ist grün! Damit ist nicht Werder Bremen gemeint, sondern das Grün der Anlagen und Parks in der Stadt. Mit einer Fläche von mehr als 200 Hektar hat der Bürgerpark den größten Anteil daran. Das ganze Jahr über ist er Anziehungspunkt für Spaziergänger, Freizeitsportler, Mußesuchende und kleine Abenteurer.

Zwischen Innenstadt und Universität erstreckt sich eine riesige Grünfläche, die die Bremer zu Recht als ihren persönlichen Garten ansehen. Nicht nur zur warmen Jahreszeit scheint die halbe Stadt darin unterwegs zu sein, auf immerhin 30 Kilometern angelegten Spazierwegen, 14 Kilometern Radwegen und acht Kilometern Reitwegen. Diese nüchternen Zahlen vermitteln nicht annähernd, warum die Bürger ihren Park so lieben: Da gibt es Wiesen zum Picknicken, Ruhen und Spielen, Schatten unter uralten Bäumen, malerische Blickachsen, historische Gebäude und elegante Brücken, kunstvoll

Ideal für den Familienausflug: eine Bootsfahrt durch den Park

angelegte Wasserläufe und Seen, die man vom Boot aus erkunden kann, ein Tiergehege, das jedes Frühjahr seinen Nachwuchs präsentiert, Cafés, Restaurants und Biergärten. Für sportlich Aktive stehen Minigolf, Finnbahn, Boule- und Spielplätze zur Auswahl. Veranstaltungen wie der sonntägliche Frühschoppen, Aufführungen der Bremer Shakespeare Company oder Open-Air-Konzerte ergänzen diesen wunderbaren Mix aus Natur und Erlebnisort.

Der Wunsch nach öffentlichen Erholungsflächen wurde bereits im Jahr 1865 laut, nachdem die Einwohnerzahl der Stadt ständig stieg. Es sollte noch 20 Jahre dauern, bis sich ein Bürgerparkverein gegründet und aus einem feuchten, baumlosen Weideland ein Park entwickelt hatte. Die Gestaltung für diesen ersten Volkspark in Deutschland übernahm der Landschaftsarchitekt Franz Wilhelm Alexander Benque (1814–1895). Als erfahrener Planer und exzellenter Kenner der Pflanzenwelt verwandelte er das Gelände in einen klassischen Landschaftsgarten.

So einzigartig wie der Park, ist auch seine Finanzierung. Die grüne Lunge Bremens wird allein durch das Engagement der Bürger erhalten, durch Geld-, Sach- und Baumspenden sowie der seit 60 Jahren stattfindenden Tombola.

Bürgerpark · 28209 Bremen · www.buergerpark.de · Busse 22, 26, 27 bis Bürgerpark, Am Stern, Findorffallee u. a.

68 Milch und mehr im Bürgerpark

Am Ende der Hauptsichtachse hat das dreiteilige Ensemble der Meierei seinen wunderschönen Platz mitten im Bürgerpark erhalten. Im Plan des Landschaftsarchitekten war eine Musterwirtschaft mit Ausschank von Milchgetränken eingezeichnet, die sich bald als eines der beliebtesten Ausflugslokale entpuppte.

Beim Milchausschank blieb es nicht. Heute bietet das Café-Restaurant neben gutem Essen und hausgemachtem Kuchen zu jeder Jahreszeit speziellen Charme. Ist draußen noch recht gruseliges Wetter, empfängt den Besucher ein knisterndes Kaminfeuer, umrahmt von Schaf- und Kuhfellen in einer gemütlichen Atmosphäre. Bei anhaltendem Sonnenschein genießt man die Speisen am besten auf einer der beiden überdachten Veranden. Den wundervollen Ausblick gibt es gratis dazu: Von der Vorderseite aus reicht die Sicht auch heute noch über grasende Kühe hinweg, bis zum Parkhotel und sogar zu den beiden Domtürmen mitten in der Stadt. Hinter dem Haus fühlt man sich fast ein wenig in den Süden versetzt. Im Hintergrund die schmucke Meierei-Villa, davor erstrecken sich der hübsche Meierei-See, umrahmt von blühenden Magnolien, großen Kastanien und anmutigen Skulpturen, sowie der Café-Garten.

▶ Am Meierei-See legt das Boot »Marie« in den Sommermonaten zu einer eineinhalbstündigen Rundfahrt durch die Wasserwege des Bürgerparks ab (Fr–So).

Der Bremer Petroleum-Kaufmann Franz Ernst Schütte finanzierte Wilhelm Benques Idee einer Molkereiwirtschaft, die sich harmonisch in die Landschaft einfügen sollte. Architekt Heinrich Müller übernahm den Auftrag und es entstand ein sehenswertes Ensemble im Schweizer Stil mit Kuh- und Kälberstall. Ganz so bescheiden fiel der Bau mit dem reichen, filigranen Holzzierwerk jedoch nicht aus und so hatte der Mäzen zunächst Bedenken, das Gebäude würde zu dominant in seiner Umgebung wirken. Trotzdem fand die Eröffnung am ersten Weihnachtstag 1880 statt und erwies sich nachträglich als Glücksgriff. Wo einst die Kühe im Stall standen, kann man sich heute kulinarisch verwöhnen lassen.

Meierei im Bürgerpark · Di–So 12–24 Uhr, Sommer auch Mo · Bürgerpark 1 · 28209 Bremen
Tel. 0421/696 38 61 90 · www.meiereibremen.de · Bus 22 bis Busestraße

Die ehemalige Meierei lädt zum gemütlichen Beisammensein ein.

Roland erwartet sein Bienen-Volk.

Renaissance einer bedrohten (Kunst-)Art

69

Von der Parkallee, schräg gegenüber vom »Hotel Munte«, führt ein Stichweg mitten hinein. An dessen Ende entscheiden sich Spaziergänger und Radfahrer: Links oder rechts herum für eine Tour durch den Stadtwald? Den »Bienen-Roland« nimmt man zunächst gar nicht wahr, schmiegt er sich doch harmonisch in die Baumwelt ein.

Was macht Rolands »kleiner Bruder« mitten im Wald? Der Blick wird auf eine Schautafel gelenkt: Von Klotzbeuten, Figurenbeuten und Schreckgesichtern liest man da. Die Begriffe lassen an Freibeuter und Piraten denken. Tatsächlich geht es jedoch um ein friedvolles Gewerbe und eine uralte Tradition: die Waldbienenzucht. Gemeinsamkeiten lassen sich dennoch nicht leugnen. Zum einen geht es hier wie dort darum, Beute zu machen. In der 500 Jahre lang betriebenen Waldbienenzucht nannte man jeden Baum, der von Bienen besetzt war, eine Beute. Zum anderen war auch die Arbeit der Waldbienenzüchter sehr gefährlich. Sie mussten die kostbare Fracht aus schwindelerregender Höhe herunterholen, was manch einer mit dem Leben oder zumindest mit Knochenbrüchen bezahlte.

Das änderte sich, als Ende des 17. Jahrhunderts die Imker einzelne Stammstücke auf den Waldboden, später auf Wiesen und in Gärten stellten. Sie trieben Hohlräume in die Baumstämme und bohrten Einfluglöcher in die Vorderseite. Diese Art von Bienenstöcken nannte man Klotzbeuten. Unter den Händen begabter Schnitzer nahmen diese bald kunstvollere Gestalt an. Das war die Geburtsstunde der Figurenbeuten, deren Bandbreite von Heiligenfiguren über Fratzengesichter bis hin zu Soldaten oder Raubtieren reichte. Allein durch ihr Äußeres sollten sie mögliche Honigdiebe abhalten.

Für das Forschungsinstitut für Bienenkunde war der 600. Geburtstag des Bremer Rolands der Anlass, diese alte Tradition wiederzubeleben. Die Bildhauerin Birgit Jönsson wandelte den Stamm einer Eiche in die Figur des Roland. Im Inneren erhielt er eine komfortable Bienenwohnung, zu der Rolands »Volk« durch die Fluglöcher in seiner Gürtelschnalle ein- und ausfliegt.

Bienen-Roland · Stadtwald · 28213 Bremen · Bus 22 bis Munte

70 Wissensdurst löschen und Seele baumeln lassen

Es ist die Vielfalt, die mehr als einmal in eine der schönsten Museumsanlagen Nordeuropas lockt. Einige kommen gezielt zu Sonderausstellungen, andere entdecken an den Exponaten stets neue Aspekte, und wieder andere nutzen das weitläufige Parkgelände zu ausgedehnten Spaziergängen und zur Erholung.

Gleich in der Eingangshalle des Focke-Museums empfängt Rolands Kopf im Original die Besucher. Man kann ihm fast auf gleicher Höhe in die Augen sehen und realisiert, wie riesig die Statue auf dem Marktplatz sein muss. Beim Blick in den Raum stehen für die einen die detailgetreuen Modelle der Bremer Häuser im Fokus, die anderen steuern schnurstracks die chromblitzende »Isabella« aus dem Hause Borgward an. Der weitere Rundgang vermittelt Zusammenhänge zu 1200 Jahren Stadt- und Kulturgeschichte, zur Entwicklung der Schifffahrt oder der Wohnkultur in Bremer Haushalten.

Besonders spannend aber ist das öffentlich zugängliche Schaumagazin. Stundenlang kann man sich dort aufhalten und auf individuelle Entdeckungsreise gehen. Die Fülle der Exponate ist überwältigend, ein alphabetisches Ordnungssystem erleichtert jedoch die Orientierung. Unter E wie Erfinden, F wie Feiern, L wie Leuchten oder S wie Spielen finden Mixer, Telefone, Schreibmaschinen, gedeckte Tische, Petroleumlampen, Kerzenständer oder Puppenstuben und Blechspielzeug ihren Platz. Der kostenlose Media-Guide hilft, den Dingen per Text, kurzen Videos oder Erläuterungen näher auf den Grund zu gehen. So erzählt etwa der ehemalige Besitzer von Schröders Pfeifenladen etwas über die Entstehung seines original aufgebauten Geschäfts.

Auf dem viereinhalb Hektar großen Museumspark verteilen sich historische Gebäude, die Ausstellungsstücke zur Vor- und Frühgeschichte, Landwirtschaft, Industrie oder zum Torfabbau zeigen. Faszinierend ist die einmalige Sammlung von Jugendstilgläsern, unter anderem von Emile Gallé oder Louis Tiffany. In der ehemaligen Gutsscheune kann man bei Kaffee und ausgefallenen Speisen die vielen Eindrücke sacken lassen.

Focke-Museum · Di 10–21, Mi–Sa bis 17, So bis 18 Uhr · Schwachhauser Heerstr. 240
28213 Bremen · Tel. 0421/699 60 00 · www.focke-museum.de · Straßenbahn 4 bis Focke-Museum

Borgwards »Isabella«, einst das Statussymbol der Bremer

Im Frühjahr ist die Blütenpracht überwältigend.

Ein Buddha umgeben von Blütenpracht

71

Eine der Lieblingspflanzen der Bremer ist der Rhododendron. Man sieht ihn in den Wallanlagen, ungezählten Vorgärten – und in unglaublicher Vielfalt im Rhododendron-Park. Besonders zur Hauptblüte zwischen Mitte April und Mitte Juni ist der Besuch des schön angelegten Geländes ein absolutes Muss.

Rund 600 Wildformen und mehr als 3000 Züchtungen von Rhododendren und Azaleen sprechen für die Einzigartigkeit des Parks. Bei einem Rundgang beeindruckt nicht nur die Größe einzelner Sträucher, sondern vor allem die bunte Blütenpracht. Umrahmt von immergrünen Gewächsen und weiten Rasenflächen kommt sie besonders gut zur Geltung. Eine noch größere Farbexplosion verspricht der Azaleenhain mit fast allen Regenbogenfarben. Das ausgedehnte Gelände hält mit Rosen-, Duft- und Bonsaigarten weitere Überraschungen bereit. Später im Jahr entfalten sich im integrierten Botanischen Garten – mit dem terrassenförmig angelegten Alpinum, dem Bereich für Heil- und Nutzpflanzen, dem Areal einheimischer Pflanzen und dem Heidegarten – viele Blüten in violetten, blauen und gelben Tönen.

Das Science Center Botanika hat Artenvielfalt und Biodiversität zum Thema und gewährt ungewöhnliche Einblicke in die erstaunliche Pflanzenwelt. In den Gewächshäusern entstanden asiatische Landschaften, die auf den Ursprung der Rhododendren im Himalaya hinweisen.

Nicht nur deshalb hat der Dalai Lama gerade diesen Park als Standort für den europäischen Friedens-Buddha ausgewählt. Auf allen Kontinenten der Erde soll ein solcher goldglänzender Buddha mit dem sanften Gesichtsausdruck als Botschafter für weltweiten Frieden und Völkerverständigung aufgestellt werden. Ein weiteres Auswahlkriterium war das Gesamtkonzept von Rhododendron-Park und Botanika, deren Themen das Verständnis und der respektvolle Umgang mit der Natur sowie das friedliche Miteinander sind. Diese Thematik wird zusätzlich angeregt durch die schmalen Bronzebänder entlang der Parkwege, auf denen die Menschenrechte nachzulesen sind.

Rhododendron-Park · tgl. 7–23 Uhr · Deliusweg 40 · 28359 Bremen
www.rhododendronpark-bremen.de · Straßenbahn 4 bis Bgm.-Spitta-Allee,
Bus 31 bis Rhododendronpark

72 Radio Bremens Sendesaal – das Akustik-Wunder

Am 23. Dezember 1952 öffnete der Alte Sendesaal seine Türen. Von Beginn an bis heute wählten Musikgrößen aller Genres das »akustische Wunderwerk« als Spiel- und Produktionsort. Am besten überzeugt man sich selbst von dem herausragenden Klangerlebnis, die unterschiedlichsten Konzerte laden dazu ein.

Warme Holztöne von Parkett, Wänden, Bühne und Bestuhlung empfangen den Besucher. Von draußen dringt kein Laut in den Aufnahme- und Konzertsaal. Betritt man als erster den Raum, könnte man eine Stecknadel fallen hören. Der Grund für diese hervorragende Akustik liegt in der einzigartigen Bauweise, der Raum-in-Raum-Architektur: Die schallgedämpften Decken und Wände des Innenraums sind mit Hilfe von Federn an den Außenmauern gelagert und frei von eindringenden Geräuschen und Vibrationen.

Der denkmalgeschützte Sendesaal diente Radio Bremen 55 Jahre lang als Musikstudio. Deutschlands kleinste Rundfunkanstalt belieferte als Zwischensender den großen Bruder in Hamburg und blieb lange Zeit nur ein »Ableger«. Die Amerikaner machten es möglich, dass im Dezember 1945 zum ersten Mal »Hier ist Radio Bremen« durch den Äther ertönte. Der Rundfunkzwerg konnte sich gegen die Konkurrenz behaupten und baute Fernsehstudios, in denen die Samstagabendshows von Rudi Carrell, Loriots berühmte Sketche, »Musikladen« und »Beatclub« oder die Talkshow »3nach9« produziert wurden. Mit dem Sendesaal eroberte sich Radio Bremen auch einen festen Platz in der Musikbranche. Namhafte Künstler, aber auch Nachwuchstalente nutzen ihn für ihre Einspielungen, als Konzertsaal oder Experimentierraum. Viele Musikgrößen sind dadurch mit der Stadt verbunden, wie Jazz-Legende Keith Jarrett, das Allroundgenie James Last, der Komponist Karl-Heinz Stockhausen oder in jüngster Zeit die Avantgarde-Künstlerin Iva Bittová.

Nach dem Umzug von Radio Bremen ins Stephaniviertel, sollte der Alte Sendesaal abgerissen werden, konnte aber bewahrt und weiterhin für einmalige Klangerlebnisse erhalten werden.

Sendesaal Bremen · Bürgermeister-Spitta-Allee 45 · 28329 Bremen · www.sendesaal-bremen.de
Busse 21, 24 bis Heinrich-Hertz-Straße/Am Sendesaal

Musikgrößen aller Sparten sind von der Akustik des Alten Sendesaals begeistert.

Nicht nur im Sommer ist der Unisee ein beliebtes Freizeit-Areal.

In 20 Minuten um den Unisee

73

Die Sonne scheint, das Thermometer hat endlich Badetemperaturen erreicht, jetzt gibt es kein Halten mehr. Die Auswahl, sich in Bremen naturnah abzukühlen, ist groß. Die Stadt verfügt über eine Badestelle an der Weser und zehn Badeseen. Einer der schönsten ist der Unisee im Stadtwald.

Auf Straßenkarten muss man nach dem Stadtwaldsee, wie der nahezu dreieckige See offiziell heißt, suchen. In unmittelbarer Nachbarschaft zur Universität ist er nicht nur für Studenten ein beliebtes Ziel zum Baden, Ausspannen und Sporttreiben. Der größte der Bremer Baggerseen entstand in den 1970er-Jahren im Zuge der Baumaßnahmen für die A27. Er ist grundwassergespeist und durch den Einfluss des Lilienthaler Salzstocks weist er einen leichten Salzgehalt auf. Die Badequalität wird in der Saison monatlich überprüft.

▶ Ist der Tatendrang noch nicht erschöpft, lädt das Restaurant »Zum Platzhirsch« am Kuhgrabenweg zu einer Runde Minigolf ein, direkt neben dem Biergarten.

Im Sommer herrscht an dem frei zugänglichen See Ferienstimmung, Schwimmer, Surfer, Stand-up-Paddler, Ruderer und Taucher teilen sich das Terrain. Da es in verschiedene Bereiche aufgeteilt ist, kommen sie sich selten ins Gehege. Für Badegäste steht die große Bucht im Süden mit abgeteiltem Nichtschwimmerbereich zur Verfügung. Hier gibt es ausgedehnte, teils beschattete Liegewiesen und verschiedene Spielgeräte. Im Osten befindet sich ein geschützter FKK-Bereich. Die Strandabschnitte sind mit Kiosken ausgestattet. Taucher und Surfer finden in der Nordwestecke, oberhalb des DLRG-Hauses, einen Einstieg und eine Slip-Möglichkeit.

Die Seelandschaft lädt auch oder gerade während der restlichen Jahreszeit zum Entspannen an der frischen Luft ein. Einmal um den See herum geht ein geübter Walker in knapp 20 Minuten. Dabei teilt er sich in einem munteren Nebeneinander den Weg mit Joggern, Hundeführern und Spaziergängern. Ist die Runde geschafft, bietet sich eine erholsame Pause im Café »Il Lago« mit der wunderschön gelegenen Terrasse an.

Stadtwaldsee (Unisee) · Restaurant »Il Lago« · tgl. 10–23 Uhr · Hochschulring 1 · 28359 Bremen
www.restaurant-illago-bremen.de · Bus 28 bis Stadtwaldsee

74 Staunen, probieren, verstehen – im Universum

Wie ein schillernder, gestrandeter Wal liegt das Universum am Rand des Stadtwalds. »Verschluckt« hat er Experimente und Erlebnisräume zu den Themen Technik, Mensch und Natur. Auf der spannenden Entdeckungstour sind vor allem Neugierde gefragt und die Lust, den Dingen eigenhändig auf den Grund zu gehen.

Schauen, ausprobieren, tüfteln und verstehen: das ist das Universum. Auf etwa 300 Stationen spielt man sich mit seinen fünf Sinnen durch die Wissenschaft. Die Abteilung Technik spricht vor allem das logische Denken und eine kreative Problemlösung an: An der Blitzmaschine wird man zum Wettergott, der Blitze dirigiert und sich entladen lässt. Eine Maschine fordert zum Kicker-Duell, der Pirouetten-Effekt erzeugt nicht nur Schwindel, sondern wird durchs Probieren verständlich, und mit Hilfe von analogen Objekten entsteht ein eigenes Musikstück. Der Themenbereich Mensch fordert dazu auf, den eigenen Körper zu erforschen und mit anderen in Kommunikation zu treten. Sehen, tasten, hören: Wie funktioniert das? Ist es möglich, einen Lügendetektor zu überlisten? Wie lang wird es dauern, bis uns ein künstlicher Mensch gegenübersteht? Spannende Fragen, die es zu erforschen gilt.

Im dritten Obergeschoss geht es um die Natur und deren Einfluss auf den Menschen. Auf dem Erdbebensofa geht es gleich zur Sache: Festhalten während einer derart heftigen Naturgewalt geht nicht, und beim Aufstehen gleicht man einem schwankenden Seemann auf Landgang. Es wollen noch weitere Naturphänomene geklärt werden: Wie entstehen Eiskristalle, ab welcher Tiefe ist das Wasser blau, und wie erkennt ein Computerprogramm Alter, Geschlecht und Gefühlslage seines Gegenübers? Die halbstündigen Science Shows sorgen zusätzlich für Unterhaltung mit Aha-Effekt.

Nach so viel Denksport bieten das Café im Haupthaus und das Restaurant »Kubus« Nervennahrung und der Außenbereich viel Bewegung. Beim Klettern, Wind-Erzeugen und Wasser-Bewegen sind Gleichgewicht, Koordination und Muskelkraft gefragt. Ein einzelner Tag ist da einfach zu kurz.

Universum · Mo–Fr 9–18, Sa, So ab 10 Uhr · Wiener Str. 1a · 28359 Bremen · Tel. 0421/33460
www.universum-bremen.de · Straßenbahn 6 bis Universität-Süd

Die »Außenhaut« des Universums besteht aus 40 000 Edelstahlschindeln.

Tritte und Griffe gleicher Farbe weisen den Weg nach oben.

An die Steilwand, trotz schlechten Wetters!

75

Das bietet das Unterwegs-DAV-Kletterzentrum im Technologiepark der Universität für Jung und Alt. Die Trendsportart hat in den letzten Jahren immer mehr Liebhaber gewonnen. Neben dem Stärken der Fitness reizen vor allem die immer wieder geänderten Routen und steigenden Schwierigkeitsgrade.

Aufwendig gestaltete Kletterwände sind mit hunderten von bunten Griffen und Tritten gespickt. Es herrscht ein ständiges Auf und Ab, nicht nur steil nach oben bis in 14 Metern Höhe, sondern auch über breite Spalten und Überhänge hinweg. Geklettert wird in der Halle und an der Außenwand des auffallenden Gebäudes. Es stehen 180 Kletterrouten mit unterschiedlichen Schwierigkeitsgraden (Level 3 bis 10) zur Verfügung. Die Routen werden durch die gleiche Griff-Farbe markiert und regelmäßig umgeschraubt, sodass man stets neue Wege finden und seine Geschicklichkeit, Ausdauer und Kraft ausprobieren muss. Für den Kletterpartner ist es eine Herausforderung, die Aufmerksamkeit an der Wand zu behalten. Der Kletterer muss sich sicher ins Seil fallen lassen können, wenn Arme und Beine das eigene Gewicht nicht mehr halten. Wer das Bouldern bevorzugt, das Klettern ohne Seil und Sicherung, trainiert in einem Bereich mit extra dicker Matte und einer maximalen Absprunghöhe von vier Metern. Es braucht höchste Konzentration, um den nächsten Schritt richtig zu setzen.

▶ Im modern und geradlinig gestalteten »Hotel 7Things« lässt sich der Tagesausklang mit Snacks und Drinks zu reellen Preisen und Blick auf den Unicampus genießen.

Unter dem Motto: »Auch ohne Berge hoch hinaus« steht die vereinseigene Sportanlage des Deutschen Alpenvereins (DAV) in Bremen auch Gästen offen. Spontan mitmachen dürfen jedoch nur diejenigen, die eine der gängigen Sicherheitsmethoden beherrschen. Anfänger können sich im Boulderbereich an der Wand versuchen oder während eines zweistündigen Schnupperkurses ausprobieren. Einen ersten Eindruck bekommt man mit ein wenig Abstand und einer Tasse Kaffee vom Bistro aus.

Unterwegs-DAV-Kletterzentrum · Mo–Fr 10–23, Sa, So bis 22 Uhr · Robert-Hocke-Str. 19 28359 Bremen · Tel. 0421/51 42 90 53 · www.kletterzentrum-bremen.com · Bus 22 bis Univ.-Nord

76

Hoch hinauf in Bremens Fünfter Jahreszeit

An den letzten beiden Oktoberwochenenden steht die Stadt Kopf. Die Geschäfte schmücken ihre Auslagen mit Luftschlangen und »Ischa Freimaak(t)«-Artikeln, Straßenbahnen und Busse sind beflaggt und die Bremer haben ein leises Lächeln auf den Lippen – ein Ereignis, zu dem ausnahmslos alle eingeladen sind.

Zugegeben, die Jahreszeit ist etwas unglücklich gewählt. Aber Tradition ist nun mal Tradition. Seit fast 1000 Jahren feiert Bremen das Recht, zweimal im Jahr einen freien Markt abhalten zu dürfen (die Osterwiese ist die etwas kleinere Ausgabe), auf dem auch auswärtige Händler ihre Waren anbieten können. Im Lauf der Jahre gesellten sich Spielleute und Fahrgeschäfte dazu, um die harten Kaufverhandlungen aufzulockern. Bereits im 19. Jahrhundert hatte sich das Verhältnis nahezu umgekehrt, hin zu einer Vergnügungsmeile. Auch der Veranstaltungsort wechselte: Der erste Freimarkt fand um den Markt herum statt, zu Beginn des 20. Jahrhunderts zog er in die Neustadt, seit 1934 stehen die Hauptattraktionen auf der Bürgerweide. Der »Kleine Freimarkt« am Rathaus mit Nostalgiekarussell und historisch gestalteten Ständen sowie der Mittelaltermarkt erinnern an die Anfänge.

Das unübersehbare Wahrzeichen des Freimarkts ist das Riesenrad der Firma Steiger, das mit seinen 60 Metern bis zum Jahr 2013 das größte mobile Riesenrad der Welt war. In den 42 offenen Gondeln finden jeweils zehn Personen Platz und haben freie Sicht in alle Richtungen. Einer der Wagen ist für Rollstuhlfahrer gut zugänglich. Wenn es dämmert, sollte man sich rechtzeitig einen Platz sichern, denn von oben sieht der Freimarkt mit den vielen Lichtern einfach umwerfend aus. Auch von Ferne verzaubert das Rad, das mit der LED-Lichtanlage ein unendliches Farbenspiel bietet. Durch diese LEDs konnte der Energiebedarf um 90 Prozent gesenkt werden, weswegen das Rad mit dem Green Globe zertifiziert wurde. Nach 17 Tagen Spaß endet die Fünfte Jahreszeit nicht einfach, sondern wird mit Blasmusik in einem geschmückten Sarg symbolisch zu Grabe getragen – bis zum nächsten Jahr.

Freimarkt, Riesenrad · Mitte Okt. tgl. 13–23 Uhr, Fr, Sa bis 24 Uhr · Bürgerweide
www.freimarkt.de, www.riesenrad.de · Straßenbahnen 1, 4, 6, 8, 10 bis Bahnhof

Bunt und gesellig geht es auf dem Freimarkt zu, mit einer Portion Nervenkitzel.

Einmal Torfkahn-Fahren ist ein Muss für jeden Besucher.

Wie der Brennstoff nach Bremen kam

77

Einst war Torf das einzige Heizmaterial für die Bürger der Stadt und daher äußerst begehrt. Der mühsam abgebaute Brennstoff wurde vom Teufelsmoor nach Bremen mit speziellen Kähnen verschifft. Während der Sommersaison kann man ein Stück des Weges nachvollziehen, den die Torffahrer zurückzulegen hatten.

Die schwarzen Eichentorfkähne mit dem charakteristisch rotbraunen Segel wurden in »Hunt« gemessen: Der übliche Halbhunt-Kahn konnte 50 Körbe Torf aufnehmen. Am ehemaligen Torfhafen von Findorff besteigt man einen originalgetreuen Nachbau zur Fahrt auf dem Torfkanal. Segel werden für die dreistündige Fahrt bis zum Haus am Wald und zurück nicht gesetzt, der dichte Uferbewuchs und die Brücken schränken das Segeln ohnehin ein. Der Motor tuckert jedoch so leise vor sich hin, dass man sich ganz der Betrachtung der Landschaft oder des fotogenen Graureihers hingeben und den Erläuterungen des Kahnführers lauschen kann.

Was für den Touristen das reinste Vergnügen ist, war früher ein hartes Stück Arbeit. Begonnen hatte alles Mitte des 18. Jahrhunderts. Der Moorkommissar Jürgen Christian Findorff (1720–1792), der dem Stadtteil seinen Namen gab, sollte im kurfürstlichen Auftrag das Moor entwässern und es erschließen. Torf entstand zunächst als Abfallprodukt, wurde aber bald zur Haupteinnahmequelle der angeworbenen Siedler. Feste Wege und Straßen gab es nicht, also fand der Transport vom Teufelsmoor bis in die Hansestadt auf den künstlich angelegten Kanälen statt. Die Torfbauern waren lange unterwegs, vor allem, wenn bei Westwind das Segeln unmöglich wurde und getreidelt, gestakt oder – mit einer 8er-Bewegung – gepaddelt werden musste.

Mit dem Aufkommen der Kohle verlor der Torfabbau seine Wirtschaftlichkeit, außer für Gärtnereibetriebe. Der Erhalt intakter Moore ist jedoch ein wichtiger Beitrag zum Klimaschutz, denn die einzigartigen Lebensräume sind vor allem große Kohlenstoff-Speicher. Beim Abbau wird dieser Nutzen umgekehrt, es entsteht Kohlendioxid, das den Treibhauseffekt fördert.

Torfhafen · April–Okt. · Neukirchstr. 1 · 28215 Bremen · Tel. 0421/37 87 75 86
www.torfkaehne-bremen.de · Busse 26, 27 bis Findorffallee/Torfhafen

Frische Ware und freundliche Händler auf dem Findorff-Markt sprechen für sich.
Koffeinreiche Heißgetränke gibt es im Espresso-Mobil.

Zwei Institutionen – ein Pflichtprogramm

78

Die Besucher des Findorff-Marktes sind eine eingeschworene Gemeinde. Man kennt sich, hält gern einen Plausch und erfährt das Neueste von der Woche. Es ist alles etwas enger, familiärer und kuscheliger als auf dem Wochenmarkt auf dem Domshof. Anschließend wartet das »Port Piet« mit einem Platz an der Sonne.

Jeden Dienstag, Donnerstag und Samstag bieten die Händler an rund 100 Ständen ihre Waren an. Gemüse und Obst aus der Region, Fleisch-, Fisch- und Milchprodukte, mediterrane Köstlichkeiten, Back- und Kurzwaren sowie Blumen bilden die bunte Vielfalt auf dem Markt und machen seine besondere Atmosphäre aus. Seit mehr als 60 Jahren füllen Kunden nicht nur zügig ihre Einkaufstaschen mit stets frischen Produkten, sondern trinken in Ruhe einen Kaffee am Espresso-Mobil oder gönnen sich eine heiße Suppe und einen ausgiebigen Klönschnack mit Bekannten und Marktleuten. Die Stände sind für schlechtes Wetter gerüstet und lassen die Käufer nicht im Regen stehen. Nicht selten sind es Familienbetriebe, die in der zweiten oder dritten Generation das Unternehmen weiterführen. Die Waren gehen unverpackt oder in Papier eingeschlagen über den Tisch – Ökologie und Umweltschutz müssen nicht erst eingeführt werden. Für Bremer aus dem ganzen Stadtgebiet ist ein Bummel über den Markt am Samstagmorgen ein festes Ritual.

Im gemütlichen Sommer-Biergarten des »Port Piet« zwischen Findorff-Markt und Torfhafen trifft man sich gern von April bis Oktober. Bequeme Liegen, Bänke und Stühle in der Sonne oder unter den alten Bäumen laden bei trockenem Wetter zu Kaffee, Bierchen oder ökologisch fair gehandelten Getränken ein. Besonders lecker sind die Flammkuchen-Variationen von klassisch bis vegetarisch, und sehr willkommen ist das Angebot, ein Frühstück bis zum späten Abend bestellen zu können. Das stadtbekannte Lokal ist der ideale Ort zum Entspannen. Der Blick geht auf den Torfhafen, an dem die roten Kanus des Kanu- und Kajakverleihs wie riesige Seerosen an der Kaimauer liegen und Farbtupfer in das torfbraune Wasser setzen.

Findorff-Markt · Di, Do 8–13, Sa bis 14 Uhr · Neukirchstr. 45 · 28215 Bremen
»Port Piet« · April–Okt. Mo–Do 11–22, Fr–So bis 23 Uhr · www.portpiet.de
Busse 26, 27 bis Findorffallee

Das historische Gebäude der Union-Brauerei wurde neu belebt.
Ein exquisites Duett aus Hopfen und Malz mit Zitrusnote

Bewährt handgemacht

79

Nach mehr als 50 Jahren Pause wird auf dem historischen Gelände der Waller Union-Brauerei wieder Bier gebraut. Die Braumeister Doreen Gaumann und Kristof Herr setzen auf Craft Bier, das zu 100 Prozent in Bremen gebraut und abgefüllt wird. Es geht vor allem um den guten Geschmack und nicht um Mengenrekorde.

Das auffallende Gebäude der Freien Brau-Union Bremen wirkt mit verputzter Fassade und Sichtziegel-Mauerwerk im Stil des Historismus äußerst einladend. Innen trifft der Backstein im 20 Hektoliter fassenden Sudhaus auf modernste Technik im Edelstahlkleid. Bei der Craft-Bier-Herstellung steht das Handwerk eines Braumeisters wieder im Vordergrund. Er begleitet den gesamten Brauprozess, von der Rohstoffauswahl bis zur Abfüllung. Seine Kunst zeigt sich in der Auswahl und Zusammensetzung der Zutaten, die Triebfeder ist die Liebe zum Bier. Im eigenen Gär- und Lagerkeller reifen die Biere, bevor sie vor Ort in Fässer und Mehrwegflaschen umgefüllt werden. Die Bandbreite des Geschmacks reicht vom Kellerpils mit feiner Hopfennote, spritzig-fruchtigem Weißbier, Rotbier aus Spezialmalzen über den kupferfarbenen Hanseat mit Zitrusnote, das malzbetonte Exportbier BioStadt bis zum obergärigen Witbier. Alle Sorten sind weder filtriert noch chemisch behandelt und daher naturtrüb. Der Geschmack der unterschiedlichen Bierspezialitäten lässt sich gleich testen: Im gemütlichen Braugasthaus und im Ganzjahres-Biergarten mit variabel zu öffnendem Glasdach fließt das Bier aus 14 Zapfhähnen frisch vom Tank in die Gläser. Dazu gibt es regionale Küche wie Bremer Knipp, Matjes, Mettstullen oder Union-Burger.

In der Bierwerkstatt steht eine Zwei-Hektoliter-Mikrobrauerei, in der sich die Braumeister zu neuen Geschmackskreationen inspirieren lassen. Sind sie ausgereift, können sie frisch vom Fass vor Ort oder in der Zweigstelle am Brommyplatz im Viertel getestet werden, solange der Vorrat reicht, also bis das Fass geleert ist. Bei Führungen erfährt man alles über den Brauprozess und an einem sogenannten Brautag kann man sogar selbst Hand anlegen.

Union-Brauerei · Mo–Fr ab 16, Sa, So ab 11 Uhr · Theodorstr. 12 · 28219 Bremen
Tel. 0421/898 21 60 · www.brauerei-bremen.de · Straßenbahnen 2, 10 bis Gustavstraße

80 Altes Hafenareal in neuer Gestalt

Mit dem Ausbau der Promenade am Weserufer entstand neben der Fahrt mit Fähre oder Straßenbahn eine perfekte Anbindung an die Innenstadt. Der Weg vom Dom bis zur Überseestadt, zu Fuß oder mit dem Fahrrad, ist ein besonderes Erlebnis und eine Annäherung an Bremens wirtschaftliches Rückgrat bis Mitte des 20. Jahrhunderts.

Im ehemaligen Freihafen herrschte einst reges Treiben. Dort legten Schiffe an, wollten be- oder entladen werden, wurden Frachten in riesigen Speichern zwischengelagert und gingen Hafenarbeiter ihrer Arbeit nach. Mit zunehmendem Containertransport verlagerte sich der Betrieb in den 1970er-Jahren nach Bremerhaven. Der Europahafen wurde zur verwaisten Wasserfläche, der Überseehafen verfüllt und mit der Großmarkthalle überbaut. Nur Holz- und Fabrikenhafen sind weiterhin in Betrieb, dort halten sich Unternehmen der klassischen Hafenwirtschaft, wie Reis-, Fisch- und Mehlmühlen.

Der einstige Überseehafen hat sich inzwischen zur Überseestadt entwickelt. Anders als etwa in London, Hamburg oder Rotterdam, sollten in Bremen bei der Hafen-Neubelebung die vorhandene Hafenwirtschaft bestehen, alteingesessenen Unternehmen der Standort erhalten bleiben. Im Bereich um Europahafen und ehemaligen Überseehafen entstand ein attraktiver Standort zum Wohnen und Arbeiten, für Kunst und Gastronomie. Die großen Speicher wurden teils saniert und umgenutzt. Der bis 1912 errichtete Speicher XI ist ein beeindruckendes Beispiel für die Kombination von historischer Bauform mit modernen Elementen. Auf einer Länge von 400 Metern – so lang ist die Obernstraße mitten in der Stadt – hat neben der Hochschule für Künste, Werbeagenturen und Gastronomie das sehenswerte Hafenmuseum einen Standort gefunden. Es berichtet anhand von Biografien und ausgesuchten Exponaten über die lange Geschichte und das Leben im Hafengebiet.

Noch ist der aufstrebende Stadtteil nicht ganz fertig, fehlt mehr Grün, sind Baukräne und Brachland zu sehen. Die Vision eines belebten Stadtteils mitten in der Arbeitswelt liegt jedoch bereits in der Luft.

Speicher XI, Hafenmuseum · Di–So 11–18 Uhr · Am Speicher XI · 28217 Bremen
Tel. 0421/303 82 79 · www.hafenmuseum-speicherelf.de · Straßenbahn 3 bis Waller Ring

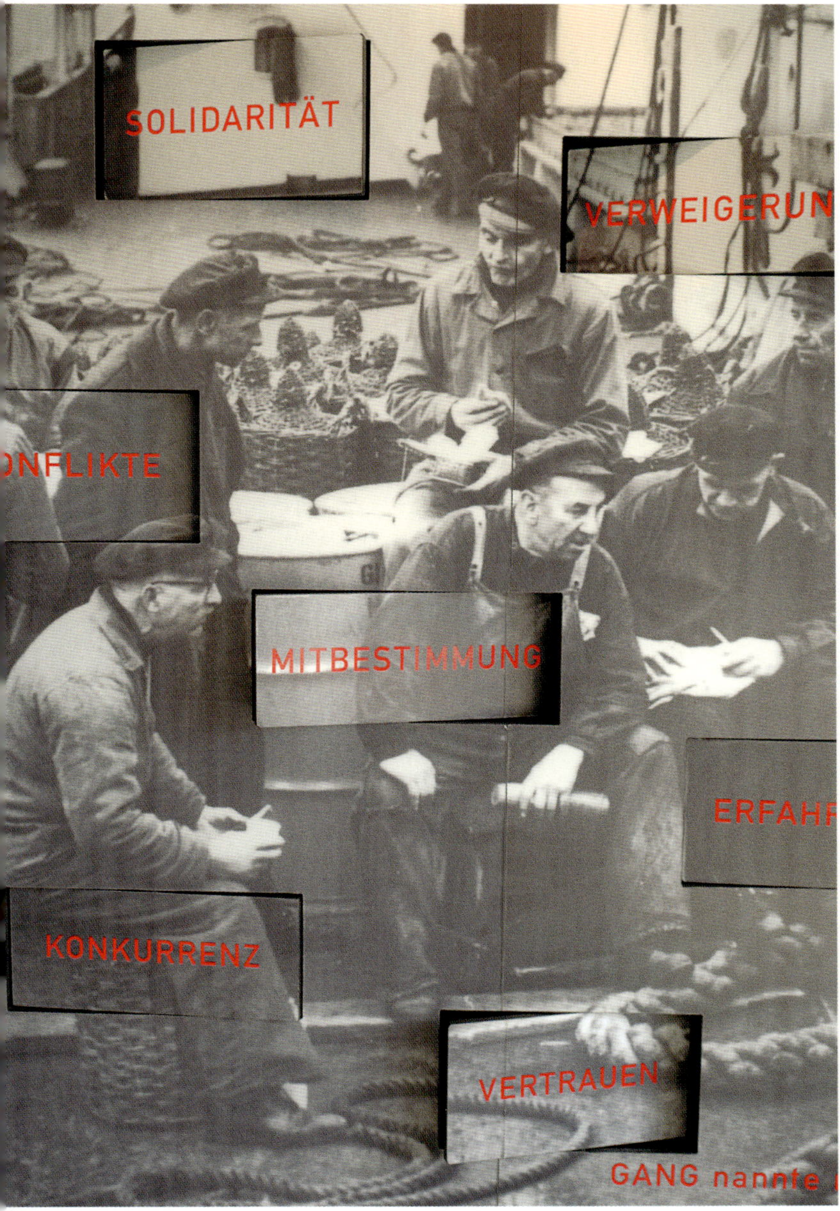

Das Hafenmuseum vermittelt einen Eindruck in das Leben der ehemaligen Hafenarbeiter.

Ideal für die Mittagspause: die Currywurst mit den ungewöhnlichen Soßen
In der Alten Feuerwache wird nur noch der Durst gelöscht.

81

»Curry Kitchen« – Airstream

Groß und silberglänzend zieht er alle Blicke auf sich: der zur fahrenden Würstchenbude umgebaute, original amerikanische Wohnwagen. Der Duft nach Currywurst und Pommes wirkt zusätzlich wie ein Magnet. Der ehemalige Bankkaufmann Florian Demit verfeinerte zusammen mit einem rheinländischen Metzger so lange das Rezept seiner Wurst, bis er und seine Vortester zufrieden waren. Die Inhaltsstoffe sind natürlich ein Betriebsgeheimnis. Aber das Wichtige ist, die Wurst ist handgemacht, ebenso wie die Soßen, von normal bis scharf. Ergänzt wird die Kult-Wurst durch Pommes nach belgischer Art. Von Montag bis Freitag steht der Wagen zwischen 11 und 15 Uhr bereit.

»Curry Kitchen« · Konsul-Smidt-Straße 20 · 28217 Bremen · www.currykitchen-bremen.de
Bus 20 bis Konsul-Smidt-Straße

82

Mediterran am norddeutschen Hafenbecken

In den Räumen der Alten Feuerwache, in denen einst die Löschfahrzeuge und die Feuerwehrleute rufbereit warteten, füllen heute mediterrane Aromen die Luft. Das charmante Backsteingebäude markierte zu Beginn des 20. Jahrhunderts die Zollgrenze zum Freihafengebiet. Im Jahr 2002 zogen Feuerwehr und Zollamt aus, dafür Büros und Ateliers von Kreativen ein. Nicht nur wegen der persönlichen Note des Küchenchefs, sondern auch wegen des Blicks von der Terrasse auf das Hafenbecken und die anlandenden Schiffe lohnt ein Besuch. Architektonisch besonders gelungen ist die Bar: Kletterwand, Barren und Reckstangen erzählen bis heute vom einstigen Nutzen als Fitnessraum der Feuerwehrleute.

»Restaurant Feuerwache« · Mo–Fr 11.30–22.30, Sa ab 17, So ab 11 Uhr · Waller Stieg 5
28217 Bremen · Tel. 0421/380 38 08 · www.restaurant-feuerwache.de · Straßenbahn 3 bis Waller Ring

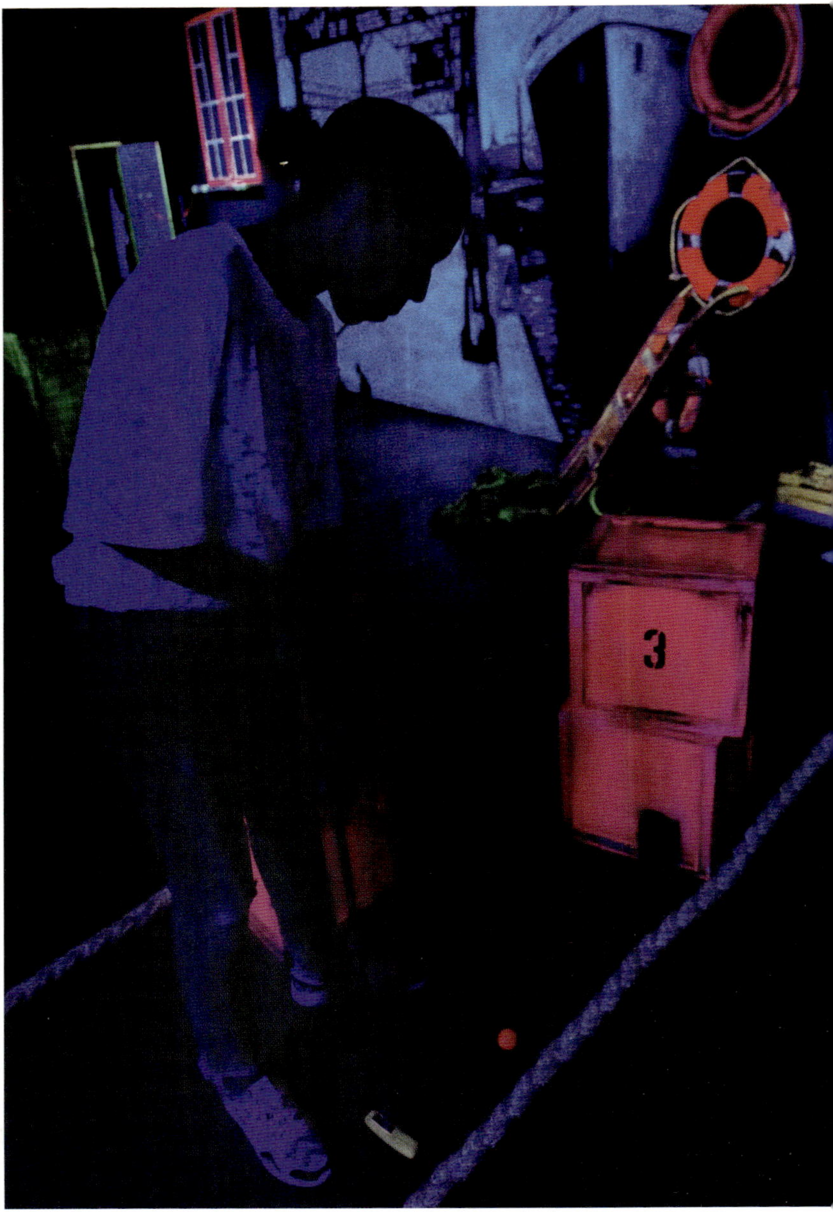

Der ungewöhnliche Parcours begeistert auch alte Minigolf-Hasen.

Der etwas andere Freizeitspaß

83

Mit Hafenrummel und SchwarzLichtHof haben sich in der Überseestadt zwei ungewöhnliche Indoor-Vergnügungen etabliert. Passend zur Umgebung hat man im Hafenmilieu der 1920er- und 1950er-Jahre unterschiedliche Spielanforderungen zu meistern. Nicht unbedingt beide an einem Tag, doch ist für Pausenbewirtung gesorgt.

Im Keller der ehemaligen Energieleitzentrale sind beim Hafenrummel auf einem Parcours von historischen Jahrmarktspielen Köpfchen, Geschick, Treffsicherheit und eine Portion Glück gefragt. Nach einer kurzen Einweisung und mit einem Laufzettel in der Hand, wird man in die schummrig-schöne Hafenatmosphäre der 1950er-Jahre zurückversetzt. Jetzt gilt es, an den Stationen Würfe exakt zu platzieren, Mäuse auf den geraden Weg zu bringen, mit dem Münzschieber einen Gewinn zu erzielen, Hämmer genau abzuschlagen oder aus Riesenbausteinen einen Würfel entstehen zu lassen. Das entsprechende Rummel-Ambiente mit gedämpftem »Gas«-Laternenlicht, Kopfsteinpflaster und echten Hafen-Requisiten machen die Illusion perfekt. Nach einer Stärkung in einem der beiden Bistros oder dem Biergarten lockt schräg gegenüber in der alten Stauerei der SchwarzLichtHof. Man befindet sich im Hafenmilieu der 1920er-Jahre. Hier bekommt das beliebte Minigolfspiel eine außergewöhnliche Note: Zum einen lässt das spezielle Licht Bälle und Teile des Inventars in grellen Neonfarben aufleuchten, zum anderen sind die Ziele recht ungewöhnlich und der Bahnverlauf muss teilweise erst ausgetüftelt werden. Denn der Ball verschwindet hinter Kisten, muss per Seilwinde in Position gebracht werden oder läuft durch ein Waschbecken. Manchmal hat man auch die Qual der Wahl zwischen mehreren Löchern. Oder der Schläger muss umgedreht und wie ein Billard-Queue genutzt werden. Hier wie da macht es großen Spaß im Halbdunkeln zu werfen, zu zielen, zu schlagen – und zu gewinnen.

▶ **Wer noch nicht genügend Bewegung hatte, kann sich auf der Skateanlage im Überseepark am Winterhafen austoben, die für Anfänger und Profis geeignet ist.**

Hafenrummel, SchwarzLichtHof · beide: Mi–Do 14–20, Fr bis 24, Sa 10–24, So 10–20 Uhr
Am Speicher XI 11, Cuxhavener Str. 7 · 28217 Bremen · www.hafenrummel.de, www.schwarzlichthof.de · Straßenbahn 3 bis Waller Ring

Das alte HAG-Gebäude hat nichts von seinem (Industrie-)Charme verloren.

Bahnbrechende Idee eines Kaffeehändlers

84

Am Holz- und Fabrikenhafen geht es äußerst geschäftig zu. Container werden be- und entladen, Lastwagen an den Mühlen befüllt und die kleine Rangierbahn fährt hin und her. Dies alles lässt sich von der Terrasse des Rösterei-Cafés aus in Ruhe beobachten, während der frisch gebrühte Kaffee serviert wird.

Das kleine Lokal von »Lloyd Caffee« liegt etwas versteckt im Erdgeschoss des Kaffee-HAG-Gebäudes. Das beeindruckende Baudenkmal ist der erste Industrie-Eisenbetonbau, ein Entwurf des Architekten Hugo Wagner. Der Kaffeebaron Ludwig Roselius gründete die Kaffee-Handels-Aktien-Gesellschaft zu Beginn der 20. Jahrhunderts und produzierte den ersten koffeinfreien Kaffee. Bereits 1906 hatte Roselius das Patent für ein Extraktionsverfahren von Koffein angemeldet, an dem er doppelt verdiente: Zum einen verkaufte er den entkoffeinierten Kaffee teurer als normalen, zum anderen hatte er für das Koffein Abnehmer in der Arzneimittelindustrie. Zusätzlich sparte der findige Kaufmann an Personalkosten durch Teilautomatisierung, indem er etwa den Rohkaffee auf einem Fließband transportieren ließ. Er bewarb seinen Kaffee mit schicken Reklametafeln, die die Unschädlichkeit und den gesunden Genuss des Getränks durch elegante Damen oder Sportler unterstrichen. Ebenfalls aus seinem Haus stammen die Marken Onko und Kaba.

Der gesamte Gebäudekomplex steht nahezu leer, dank der unverwüstlichen Konstruktion sind die Hallen jedoch gut erhalten, und eine neue Verwendung wird vorbereitet. Der imposante Marmorsaal, der für besondere Anlässe genutzt wurde, ist heute noch zu besichtigen. In den Vitrinen liegt mit Originalverpackungen, Reklameschildern und dem markanten Kaffee-HAG-Geschirr ein Stück Zeitgeschichte. Den Saal und Teile des HAG-Gebäudes hat »Lloyd Caffee« übernommen. In dem kleinen Laden-Café bekommt man exklusive Kaffeespezialitäten zusammen mit Kuchen, Brownies und Keksen. Es werden Führungen und ein Seminar angeboten, die den Weg von der unscheinbaren Kaffeebohne zum duftenden Genuss erklären.

»Lloyd-Rösterei Café« · Mo–Fr 8.30–17, Sa, So ab 11 Uhr · Fabrikenufer 115 · 28217 Bremen
Tel. 0421/38 33 22 11 · www.lloyd-caffee.de · Straßenbahn 3 bis Emder Straße

85 Hafenmilieu vergangener Tage – neu belebt

Das »Golden City« war zwischen 1945 und 1975 eine legendäre Bar im Arbeiterstadtteil Walle. Seeleute aus aller Welt, Hafenarbeiter und das Rotlichtmilieu trafen dort zusammen und feierten wilde Partys. Frauke Wilhelm lässt die Bar wieder aufleben, wenn auch unter anderem Motto und mit neu gemischtem Publikum.

Ihr neues »Golden City« steht als temporäre Hafenbar für drei Monate im Jahr am Europahafenkopf. Unter dem Tonnendach aus alten Saftfässern wurden historische Fenster und Türen verbaut. Bestückt sind Raum und Terrasse mit gebrauchten oder selbstgezimmerten Möbelschätzchen. Die Kulturschaffende, Sängerin und Moderatorin Frauke Wilhelm will sich damit von der Glasfassaden-Architektur der Überseestadt absetzen, aber gleichzeitig einen Raum für Dialoge und Kontakte der Waller Bürger mit den neuen Bewohnern schaffen. Das kleine Kulturzentrum ist Kneipe, Theaterbühne, Konzertsaal oder einfach ein Ort zum Entspannen. Mit Liedern zum Mitsingen, Musik und erzählten Geschichten wird die Erinnerung an das ehemalige Hafenmilieu lebendig gehalten. Dabei hilft das bunte Programm, das immer auch aktuelle Themen auf die Bühne bringt und mit der »Lokalrunde« oder den »Sehnsuchtsliedern von der Gegenküste« Schwerpunkte setzt. An diesem Projekt werden Flüchtlinge beteiligt, die ihre eigenen Lieder und Geschichten in die Musikdarbietungen, die Schauspiel-Elemente und den Tanz einbringen und damit zu einer gemeinsamen Sprache finden.

Ein weiteres Stück Hafengeschichte ist das »Hafencasino«. In der urigen Kneipe ohne Schnickschnack fühlen sich nicht nur die ehemaligen Hafenarbeiter wohl: Am frühen Morgen gehört das Lokal den Truckern, die sich vor der ersten Fahrt stärken, mittags treffen sich die Kreativen aus den Speichern. Die Gerichte sind bei allen gleichermaßen beliebt, lecker vor allem das Bauernfrühstück oder der Matjesteller. Es hat sich herumgesprochen: Wo Trucker essen, wird man allemal satt. Der Blick auf das Hafenbecken bringt die Ruhe – vor dem Sturm. Dann rauchen wieder die Reifen oder die Köpfe.

»Golden City« · Juni–Anf. Sept. ab 17 Uhr · Europahafen
»Hafencasino« · tgl. 6–24 Uhr · Waller Stieg 6 · 28217 Bremen
Straßenbahn 3 bis Europahafen/Waller Ring

»Golden City«: tagsüber gibt es Kaffee und Kuchen, …
… nachts wird es zur Theaterbühne und zum Konzertsaal.

Die bronzene Walfluke von Bildhauer Uwe Hässler steht am Utkiek.
Auch der »Museumshaven« mit seinen historischen Schiffen ist Teil der Maritimen Meile.

Eintauchen in die Hafenatmosphäre

86

Der Stadtteil Vegesack liegt noch nicht einmal 24 Kilometer von Bremens City entfernt. Dennoch ist der Unterschied deutlich zu spüren. Das maritime Flair des ersten künstlich angelegten Seehafens in Deutschland entdeckt man auf der Maritimen Meile, die mit 1,852 Metern genau einer Seemeile entspricht.

Die Figurengruppe des Künstlers Thomas Recker an der Nordkaje macht es vor. Mit oder ohne Fernglas will die Hafengeschichte auf der Maritimen Meile zwischen dem Schulschiff »Deutschland« und dem Schlepper »Regina« erkundet werden. An der Mündung der Lesum in die Weser entstand der neue Hafen, nachdem im 16. Jahrhundert die zunehmende Versandung der Weser in Bremen ein Anlegen dort unmöglich machte. Ein »Zeitzeuge« ist das Havenhaus mit seiner 300-jährigen Geschichte.

Der Bronzenachguss eines Walkiefers und die bronzene Walfluke am Utkiek erinnern an die Zeit des Walfangs. Bis 1872 brachen die Walfänger von hier aus zu ihren Fahrten in die arktischen Gewässer auf. Wo heute Restaurants traditionelle Speisen anbieten, winkten die Seemannsfrauen einst ihren Männern zum Abschied nach. Im 19. Jahrhundert besaß Vegesack zeitweise Europas größte Heringsfischerei. Gleichzeitig siedelten sich Schiffsbaubetriebe an, von denen allein die Lürssen-Werft heute noch existiert. Der Schlepper »Regina« ist als Technikdenkmal aus jener Zeit erhalten.

Die alte Signalstation zeigte die Pegelstände für die vorbeifahrenden Schiffe an. Vom Beobachtungsraum eröffnet sich nicht nur der beste Blick auf Weser und Lesum-Mündung, sondern man erfährt durch ein Mitglied des Vereins MTV Nautilus viel von der Hafengeschichte. Die Promenade mit der Doppelallee aus Kugelahornbäumen gehört zum Stadtgarten, der die Maritime Meile flankiert. Er überrascht mit botanischen Raritäten und einem Arboretum. Die Ursprünge legte der Arzt und Botaniker Albrecht Roth um 1800 an, indem er Kapitäne und Reisende bat, aus aller Herren Länder Pflanzen mitzubringen. Heute ist der Garten ein wunderbarer Erholungsort.

Maritime Meile, Vegesack · ganzjährig zugänglich · Signalstation: Mai–Sept. Sa, So 14–18 Uhr
S1 bis Vegesack Bf.

87 Moderne Brücke, altes Schiff

Das alte Hafenbecken ist ein beliebter Treffpunkt. Während die Erwachsenen die restaurierten Schiffe und die moderne Brücke genau unter die Lupe nehmen, fühlen sich die Kinder auf dem Holzschiff wie Kapitäne und Piraten. Ein Highlight ist es, wenn die Hafenmeisterin das Signal zum Öffnen der Brücke gibt.

Mit einer Länge von 42 Metern spannt sich die moderne Fußgängerbrücke über die Einfahrt des alten Vegesacker Hafens. Sie erinnert an eine Hängebrücke, die sich im Wind bewegt hat und dabei eingefroren ist. Diese Knickklappbrücke setzt mit dem neuartigen Hebelprinzip technische Maßstäbe. Die Brückenkonstruktion ruht auf nur einem Pfeiler mit einem hohen Pylon. So konnte auf Gegengewichte verzichtet und der Energieverbrauch beim Öffnen reduziert werden. Längst ist sie das architektonische Wahrzeichen Vegesacks. In der Dämmerung und am Abend wirkt sie durch die integrierte Beleuchtung wie ein aus Lichtpunkten gewebtes Netz.

▶ Das Vegesacker Hafenfest lockt in den ersten Junitagen mit Weserfahrten, Schiffsbesichtigungen, Straßentheater und Livemusik auf diversen Bühnen.

Seit 2006 ist der alte Hafen ein Museumshaven – das »V« ist der norddeutschen Schreibweise geschuldet. Die historischen Schiffe prägen ganzjährig das Bild, in der Saison wird das Hafenbecken aber auch von modernen Sportbooten angefahren. Unter den Traditionsschiffen gibt es Löschboote, Plattbodenschiffe, Krabbenkutter und kleine Kreuzer. Regelmäßig laufen einige zu Gästefahrten auf der Unterweser oder sogar bis zur Nordsee aus.

Das Schulschiff »Deutschland« aber steht fest vertäut in der Lesum-Mündung. Es wurde als Ausbildungsschiff für den Deutschen Schulschiff-Verein im Jahr 1927 gebaut und unternahm bis 1939 Ausbildungsfahrten nach Übersee sowie in die Nord- und Ostsee. Nach dem Zweiten Weltkrieg diente die Bark als Jugendherberge und später als stationäres Schulschiff. Heute kann das schöne Segelschiff besichtigt oder als Übernachtungsmöglichkeit genutzt werden, in 30 Doppelkabinen oder in der Kapitänssuite.

Schulschiff »Deutschland« · Mo–So 10–18, Nov.–Febr. bis 17, 1. Sa im Monat 14–18 Uhr
Zum Alten Speicher 15 · 28759 Bremen · www.schulschiff-deutschland.de · S1 bis Vegesack Bf.

Die moderne Knickklappbrücke ist ein echter Hingucker.

Die »Deutschland« ist das einzige noch schwimmende Vollschiff im Land.

Im Café herrscht eine gemütliche Atmosphäre, …
… dazu tragen auch die köstlichen, handgefertigten Kuchen bei.

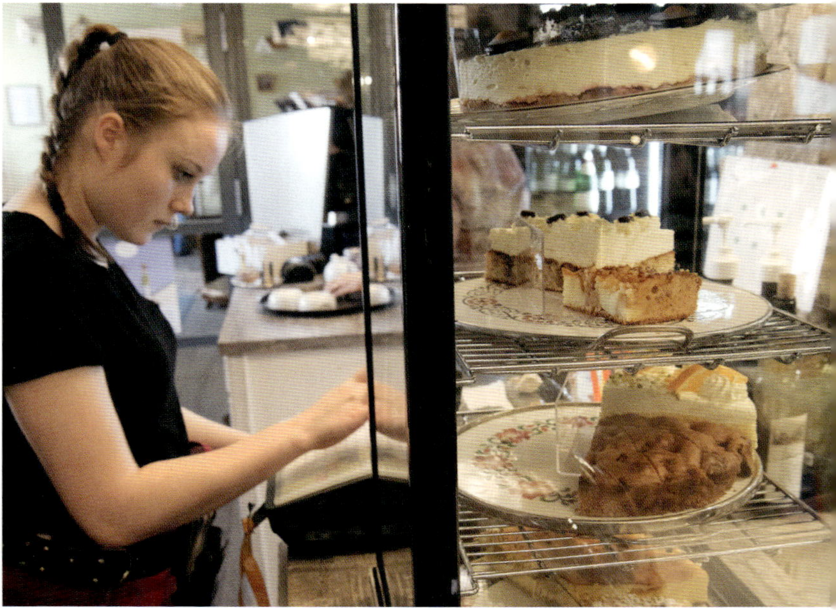

88

Erlesenes im Alten Packhaus

Gleich drei Gründe gibt es, das ehemalige Packhaus in der Alten Hafenstraße aufzusuchen. Unter dem Motto »Sehen – Hören – Genießen« werden im Museum, im KITO und im Café alle Sinne angesprochen. Geschichte und Bauart des Hauses sorgen zusätzlich für ein Wohlgefühl in fast familiärem Ambiente.

Das unter Denkmalschutz stehende Haus stammt in Teilen aus der Zeit vor 1740. Es war Lagerhaus, Handelskontor, Brauhaus und ab den 1920er-Jahren Sitz einer Kartonagenfirma mit dem treffenden Namen Kistentod AG. Die Waren wurden in Kartons verpackt und nicht mehr in Kisten, wie bis dahin üblich. Fortan hieß das Gebäude bei den Vegesackern nur noch KITO. Die Firma ging nach wenigen Jahren, der Name aber blieb. Heute hat das Haus sich ganz der kulturellen Nutzung verschrieben.

Auf zwei Stockwerken widmet sich ein Museum den Werken von Fritz Overbeck (1869–1909), dem Mitbegründer der Künstlerkolonie Worpswede, und seiner Frau Hermine Overbeck-Rohte (1869–1937). Bis 1905 wohnte das Malerehepaar nordöstlich von Bremen, bevor es nach Vegesack übersiedelte. Ihre Werke wurden von ihrer Umgebung inspiriert, zeigen die Moorlandschaft und den Ort Worpswede. Die Motive, die hier im Museum mit den mächtigen alten Holzbalken besonders gut zur Geltung kommen, werden in Sonderausstellungen zeitgenössischen Künstlern gegenübergestellt.

Unter dem Dach mit dem offenen Gebälk bietet das KITO Kabarett, Kleinkunst und Musikern aller Stilrichtungen eine Bühne. Die Nähe zu den Künstlern und die mitreißende Atmosphäre sorgen dafür, dass Künstler wie Paul Kuhn, Dieter Hildebrandt oder Günter Wallraff nicht nur einmal kamen.

Im Erdgeschoss spürt man das persönliche Engagement von Kerstin Prause in ihrem »Café Erlesenes«. Viele der Möbelstücke sind selbst entworfen, die anderen stammen vom Laden 38 gegenüber. Fast alle sind zu kaufen, sodass sich das »Outfit« des Cafés immer wieder wandelt. Der gemütliche Raum, wie auch der Hofplatz werden zum Szene- und Kulturtreff.

KITO · Alte Hafenstr. 30 · 28759 Bremen · Museum: Di–So 11–18 Uhr · »Café Erlesenes«: Di–Fr 9–12.30, 14.30–18, Sa, So 9–18 Uhr · S1 bis Vegesack Bf.

89 Glühwürmchen in Knoops Park

Eine der schönsten Parkanlagen von Bremen ist Knoops Park im Ortsteil St. Magnus in Bremen-Nord. Rund sieben Kilometer Spazierwege führen auf Alleen und verschlungenen Wegen durch das 65 Hektar große Parkgelände mit jahrhundertealtem Baumbestand, freien Wiesenflächen, Teichen und Blickachsen auf die Lesum.

Das landschaftlich reizvolle Hohe Ufer der Lesum regte bereits im 18. Jahrhundert die reichen Bremer Kaufleute zum Bau von Sommerhäusern an. Der durch Baumwollmanufakturen in Russland und auf der estnischen Insel Kreenholm vermögend gewordene Textilfabrikant Ludwig Knoop (1821–1894) kaufte in Burglesum viel Land und errichtete dort für seine Familie großzügige Villen und ein Schloss im Tudor-Stil mit einem prachtvollen Garten. Das umgebende Gelände ließ er von Wilhelm Benque gestalten, der auch den Bremer Bürgerpark geplant hatte. Dafür mussten einige Gebäude des Bauerndorfs St. Magnus »umgesiedelt« werden. Nach dem Verfall des Schlosses ging noch vor dem Zweiten Weltkrieg der Besitz an die Gemeinde Lesum über, die die Parkanlage für die Bürger zugänglich machte.

▶ **Mit Kunst-Kultur-Kulinarik präsentiert in Knoops Park die Stiftung Haus Kränholm neben Restaurant und Café eine ausgesuchte Kunstsammlung mit Skulpturenpark (www.kraenholm.de).**

In warmen Sommernächten, vor allem um Johanni (24. Juni) herum, gibt es ein besonderes Phänomen zu beobachten: Grüngelbe Leuchtpunkte tanzen durch den Park, aufgereiht wie an langen Ketten. Es sind die Leuchtsignale der Glühwürmchen, die ihre Partner zur Paarung anlocken. Die winzigen Käfer haben an der Unterseite des Hinterleibs Leuchtzellen, in denen eine biochemische Reaktion abläuft. Die freiwerdende Energie wird dabei in Licht umgewandelt (Bioluminiszens). Es ist deutlich sichtbar, da die Lichtzellen mit Salzkristallschichten abgeschirmt sind, die das Licht wie bei einem Spiegel nach außen reflektieren. Offene Vegetationsformen mit schattigen und feuchten Stellen bilden die Voraussetzung zur Erhaltung der »romantischen« Käfer.

Knoops Park · ganzjährig und ganztags geöffnet · Auf dem Hohen Ufer · 28759 Bremen
www.foerderverein-knoops-park.de · S1 bis St. Magnus

Romantisches Leuchten der Glühwürmchen auf Partnersuche

Baumrinden erkennen, auch für Sehende eine Herausforderung
Nicht nur »frau« trägt Hut bei diesem musikalischen Open-Air-Ereignis.

Pflanzen fühlen, riechen und ertasten

90

Auf dem kleinen Areal des Blindengartens finden 500 Pflanzenarten einen Platz, angelegt in bequemer Tast-Höhe. Es gilt, einzelne Pflanzen mit verschiedenen Blatt- oder Blütenformen, Dornen und Stacheln, Duftrabatten oder die Rinden von Gehölzen zu unterscheiden. Im Steingarten wollen prägnante Gesteine wie scharfkantige Lava, bearbeiteter Sandstein, Fossilienkalk oder Torf erkannt werden. Die Bestimmung ist für Sehende oft ebenso schwierig wie für Nichtsehende, doch Schilder in Normal- und Brailleschrift klären auf. Der Rundgang durch den stillen, erholsamen Garten hilft in jedem Fall, den eigenen Tast-, Riech- und Geschmackssinn zu schärfen.

Blindengarten · März–Okt. tgl. 9–18 Uhr · Ecke Raschenkamps-/Ulenweg · 28759 Bremen
www.blindengarten-bremen.de · S1 bis St. Magnus

Picknicken zu Musik-Leckerbissen

91

Knoops Park wird im Sommer zum ungewöhnlichen Konzertsaal. Beim »Sommer in Lesmona« reicht das musikalische Repertoire der Kammerphilharmonie Bremen von Klassik über Jazz bis zur Moderne. Mit Tisch, Stuhl und reich gefülltem Picknickkorb lassen sich die Besucher vor der Bühne nieder. Selbst Nieselregen kann die Stimmung nicht verderben. Die Menge wiegt sich im Takt und entzündet die mitgebrachten Wunderkerzen. Nach dem Konzert wird die von Radio Bremen verfilmte Romanze »Sommer in Lesmona« gezeigt. Geschrieben hat sie die Frau des ehemaligen Bremer Kunsthallendirektors Gustav Pauli, Magdalene Pauli, unter dem Pseudonym Marga Berck, nach einer selbsterlebten Geschichte.

Sommer in Lesmona · 2. Augustwochenende · Knoops Park · Tickets über
www.kammerphilharmonie.com · S1 bis St. Magnus

92

Mit der »Alma« auf der Hamme

Eine Flussfahrt ist immer etwas ganz Besonderes. Schon auf dem Steg ist der Alltag fast vergessen. Die hübsche weiß-rot-blaue Halöver-Barkasse »Alma« ist seit fast 90 Jahren im Einsatz, dabei nahezu fit wie am ersten Tag, und sie verspricht einen erholsamen Schiffsausflug auf der Hamme.

Nach der Einfahrt in die Lesum kommt der Dreimaster »Deutschland« in Sicht, dem man seine 90 Jahre nicht ansieht. Lesumaufwärts säumen Villen auf dem Hohen Ufer die Strecke, mit einst berühmten Bewohnern wie der Familie des Showmasters Hans-Joachim Kulenkampff. Grohner Yachthafen und Lesumer Sperrwerk, das die Ritterhuder Schleuse entlastet, werden passiert, und von Knoops Park aus grüßt Admiral Brommy die Schiffe.

Die »Alma« gleitet ruhig über das Wasser, bis die spannende Schleusung in die Hamme bevorsteht. Zur Einfahrt gilt es, eine Schlickbank zu überwinden

Die Bootstour auf der Hamme ist ein bleibendes Erlebnis.

und der Strömung in der 26 Meter langen Kammer entgegenzusteuern. Die Ritterhuder Schleuse hält seit mehr als 140 Jahren die Hamme-Niederung gezeitenfrei. Da sie den Niederungsbereich entwässert und gleichzeitig mit der Wümme zur Lesum und so in die Weser fließt, drangen auf diesem Weg auch Sturmfluten in das Gebiet. Ein Kreislauf, der die Landschaft jahrtausendelang geformt hat.

Ab jetzt wirkt die Fahrt noch mehr entschleunigt. Fischreiher und Kormorane scheinen den Schiffsverkehr zu kennen, und sogar die Rehe am Ufer lassen sich durch die vorbeifahrenden Boote nicht beim Äsen stören. Die Gastronomiebetriebe »Tietjens-« und »Melchershütte« reichen mit ihren Sommergärten bis an die Hamme heran. Sie waren einst wichtige Schutz- und Einkehrmöglichkeiten für die Torffahrer auf ihrem beschwerlichen Weg nach Bremen. Wie aufs Stichwort kommen immer mehr originalgetreu nachgebaute Torfkähne in Sicht. Der Anleger Neu-Helgoland ist nun bald erreicht. Von hier aus sind es noch knapp eineinhalb Kilometer bis zum Ortskern von Worpswede, die sich mit einem Wechsel auf zwei PS bequem bewältigen lassen. Drei Stunden sind zur Erkundung des Künstlerdorfs vorgesehen.

Schifffahrt Vegesack-Worpswede · Anleger Signalstation Vegesack, Rohrstr. 11 · Mai–Okt., bestimmte Termine Mi und Sa · www.hal-oever.de/flotte/alma

Naturbelassene Uferböschung im Naherholungsgebiet Blockland

Kultiviertes Land prägt den Norden

93

Das Blockland ist ein gut erreichbares Naherholungsgebiet und lohnendes Ausflugsziel für Bremer und Gäste. Das Gelände ist nahezu autofrei und daher ideal zum Radfahren, Inlineskaten und Spazierengehen. Die wahre Schönheit der Landschaft, die Weite und die Ruhe entdeckt man etwas abseits der Hauptwege.

Mit 3000 Hektar und etwa 40 Milchwirtschaftsbetrieben bildet das Blockland das größte zusammenhängende Agrargebiet Bremens. Gegen Norden stößt dieser Bremer Stadtteil an die Mäander der Wümme, die die Grenze zu Niedersachsen bildet. Die etwa 400 Einwohner sind eine eingeschworene Gemeinschaft, die unter anderem für fast viermal so viele Kühe zu sorgen haben. Im Mittelalter wurden Siedler angeworben, die das Land entwässerten und urbar machten. Zahlreiche Gräben durchziehen seither das Gebiet, die es in rechteckige Holländer Hufe (1 Huf=48 ha) beziehungsweise Blöcke teilen. Ob der Name daher kommt oder von Brookland, was Brachland oder niedriges Land bedeutet, ist ungewiss. Um 1300 wurde der Wümmedeich gebaut, da die von der Tide beeinflusste Wümme das Land stets überflutete. Das feuchte Marschland ist nicht nur landschaftlich reizvoll, sondern gleichzeitig ein schützenswertes Biotop mit vielen seltenen Vogel-, Fisch-, Amphibien- sowie Pflanzenarten. Um es genießen zu können, sollte man nicht am Wochenende kommen und sich mitten hinein ins Land begeben, auf den weniger ausgetretenen Wegen. Dann hat man auch die Schutzhütte am Kuhgraben ganz für sich, um Wasservögel zu beobachten.

Die Blockland-Runde mit dem Rad durch die einzigartige Feuchtwiesen-Landschaft beginnt am Stadtwald. Sie umfasst etwa 20 Kilometer entlang der Kleinen Wümme und der Wümme. Zwei Schleusen werden passiert: In Kuhsiel fließt der Kuhgraben in die Wümme, am nördlichsten Punkt trifft man auf die Dammsiel-Schleuse. Das gleichnamige Lokal lädt zur Rast ein. Vor allem am späteren Nachmittag sitzt man dort wunderbar mit Blick aufs Wasser und einem dampfenden Bauernfrühstück auf dem Teller.

Blockland · Bus 28 bis Stadtwaldsee · www.blockland.de
»Gasthaus Dammsiel« · Di ab 15, Mi–Fr ab12, Sa, So ab 11 Uhr · Niederblockland 32
28357 Bremen · www.dammsiel.de

94 Kochkurse rund ums Thema Fisch

Das Seefisch-Kochstudio ist gut an der blau-grün schillernden »Fischschuppen«-Fassade zu erkennen. Bereits 1927 wurde es als Lehrküche für Hauswirtschafterinnen gegründet, um frischen Fisch in den Haushalten zu etablieren. Daran hat sich bis heute nicht viel geändert, wenn auch die Präsentation sicherlich unterhaltsamer ist. Die Gäste erwartet eine fast einstündige Kochshow mit anschließendem Fischbuffet. Der Chefkoch verrät das Einmaleins der raffinierten Zubereitung, wobei Spiegel über Herd und Arbeitsplatte alle Handgriffe deutlich sichtbar machen. Der Besucher erhält zahlreiche praktische Kochtipps und ein Rezeptheft zum Mitnehmen.

Seefisch-Kochstudio · Am Schaufenster 6 · 27572 Bremerhaven · Tel. 0471/932 33 21
www.seefischkochstudio.de · Busse 530, 575 bis Schaufenster Fischereihafen

95 Zum Sundowner in die Strandhalle

Links die Havenwelten, rechts der Zoo am Meer, im Hintergrund das Hafenbecken und nach vorne der Blick auf die Weser und die untergehende Sonne: Seit 1913 steht das große Klinkergebäude an diesem bevorzugten Platz, geplant als Warte- und Speisehalle für die Angestellten des Norddeutschen Lloyd. Julius Hagedorn (1874–1943) errichtete das Haus mit dem markant »gepunkteten« Turm, dem Wintergarten und der wunderbaren Terrasse. Im Untergeschoss wurde einst eine Aquarienanlage eingerichtet, die Vorgängerin des Zoos am Meer. Heute ist die Spezialität des Hauses natürlich Fisch, neben einer leicht mediterranen Küche und regionalen Spezialitäten wie Knipp.

Strandhalle · Di–Fr ab 11.45, Sa, So ab 9 Uhr · H.-H.-Meier-Str. 1 · 27568 Bremerhaven
Tel. 0471/460 61 · www.strandhalle-bremerhaven.de · ab Bhf. Busse 502, 505 u. a. bis Havenwelten

Die angebotenen Kurse im Seefisch-Kochstudio sind sehr begehrt.
Der beste Platz zum Genießen des Sonnenuntergangs

Die eisigen Temperaturen in der Antarktis sind deutlich zu spüren.

Die Welt auf dem 8. Längengrad

96

Man muss kein Weltreisender sein, um die Erde der Länge nach zu umrunden und dabei eisige Kälte, drückende Hitze, feuchte Schwüle oder wütende Stürme spüren zu können. Auf dem einen Kilometer langen Fußmarsch durch die unterschiedlichen Zonen ist man im Klimahaus als Forscher dem Klimawandel auf der Spur.

Vor Reiseantritt mit Aufenthalten in nachempfundenen Originalschauplätzen, lohnt das Panorama aus 86 Metern Höhe von der Aussichtsplattform des »Atlantic Hotel Sail City«. Es eröffnet sich die Sicht auf den einst ältesten Teil Bremerhavens mit altem und neuem Hafen, den Havenwelten und dem Klimahaus zu Füßen. Dort oben spürt man schon das wechselhafte Wetter Norddeutschlands, mit dem die lange Reise enden wird. Die Tour beginnt: Die Bahn bringt den Globetrotter zu einem Schweizer Bergort mit einer Almwiese und einem beeindruckenden Gletscher. Anschließend heißt es, Sardinien aus einer ungewöhnlichen Perspektive zu überstehen, bei 35 °C Hitze den mühevollen Alltag der Tuareg zu begleiten und die hohe Luftfeuchtigkeit im Regenwald von Kamerun zu tolerieren. Ton- und Filmaufnahmen vermitteln die Lebensweise der jeweiligen Bewohner und ihren Kampf gegen die klimabedingten Veränderungen. Etwa auf der Hälfte des Weges lädt das Café »südwärts« zur Pause ein, vor dem Temperatursturz in der Antarktis. Die grüne Insel Samoa lockt mit tropischer Unterwasserwelt. Doch die Idylle hat Risse: Der Meeresspiegelanstieg bedroht das Land und lässt Korallenriffe absterben. In Alaska gerät die Tradition der Yupik durch die Annäherung an den amerikanischen Lebensstil in die Schieflage. Und zu guter Letzt gerät man auf der Hallig Langeneß mitten in eine Sturmflut …

Die Ausstellungsbereiche Elemente, Perspektiven und Chancen sollte man keinesfalls auslassen. Dort ist spielerisches Experimentieren gefragt: Welchen Einfluss hat der Mensch auf den Klimawandel und was kann jeder Einzelne zu dessen Schutz beitragen? Wie könnten die Menschen in 50 Jahren leben und wie steht es mit der eigenen CO2-Bilanz?

Klimahaus · April–Aug. Mo–Fr 9–19, Sa, So ab 10, Sept.–März 10–19 Uhr · Am Längengrad 8
27568 Bremerhaven · www.klimahaus-bremerhaven.de · ab Bhf. Busse 502, 505 u. a. bis Havenwelten

97 Jede Schublade ein Schicksal

Fast 150 Jahre lang prägten Auswanderer das Gesicht Bremerhavens. Dort, wo einst die großen Auswandererschiffe mit Kurs Amerika ablegten, befindet sich heute ein bewegendes Museum zu diesem Thema. Es erzählt aber zugleich auch von der »Gegenbewegung«, die der Immigration nach Deutschland

Im 19. Jahrhundert zwang in Deutschland die wirtschaftliche Lage viele Familien, ihr Glück im fernen Amerika zu suchen. Insgesamt 7,2 Millionen Menschen sind von Bremerhaven aus in eine verheißungsvollere Zukunft aufgebrochen. Der Museumsbesucher begleitet in lebensecht und anschaulich gestalteten Räumen die Lebensgeschichte eines Auswanderers und erfährt so mehr über die persönlichen Beweggründe und die Auswirkungen eines solchen Schrittes.

▶ Ein etwas anderer Blick über die Seehäfen bietet sich vom Radarturm des Wasser- und Schifffahrtsamtes (April–Anf. Okt. Mi–So 11–18, jeden 1. Sa bis 20 Uhr)

Ein wenig stiefkindlich aber wird manchmal der im Jahr 2012 vollendete Anbau des Museums von den Besuchern behandelt – und das ganz zu Unrecht: Hier ist die Migration der letzten 300 Jahre nach Deutschland das Thema, von den Hugenotten im 17. Jahrhundert bis zu heutigen Flüchtlingen aus Afrika. Anhand von 15 exemplarisch erzählten Biografien begleitet man sie auf ihrem beschwerlichen Weg zur Existenzgründung. Aufgebaut ist eine Ladenpassage aus dem Jahr 1973 mit typischer Eisdiele oder einem Gemüseladen. Am Kiosk hängen Zeitungen mit den Schlagzeilen aus der Zeit, »Keine Gastarbeiter mehr nach Deutschland«, im Fotogeschäft liegen die Originalalben der 15 Einwandererfamilien. Passend zu diesem Thema bietet das Studio Migration die Möglichkeit, Meinungen zu äußern oder auch die eigene Familiengeschichte zu erzählen. Am Ende des Besuchs wird deutlich: Auswanderung oder Einwanderung ist eigentlich nur eine Frage der Perspektive.

Das Museum bietet zudem die Möglichkeit, die eigene Familiengeschichte sowie die Herkunft des Familiennamens am Computer zu recherchieren.

Deutsches Auswandererhaus Bremerhaven · März–Okt. 10–18, Nov.–Feb. bis 17 Uhr
Columbusstr. 65 · 27568 Bremerhaven · www.dah-bremerhaven.de · Busse 502, 505 u. a. bis Havenwelten

Das Auswandererhaus ist gerade heute ein Ort zum Nachdenken.
Ein kleiner Einblick in die lange Überfahrt

Mit dem Seehund Auge in Auge

Seebären, Pinguine, Robben und me(e)hr

98

Der kleinste wissenschaftlich geleitete Zoo Europas hat seinen Schwerpunkt auf nordische, wasserbezogene Tierarten gelegt. Die möglichst naturnah gestalteten Anlagen, ohne allzu bemerkbare Absperrungen, und der Blick auf die (beinahe) offene Nordsee vermitteln die Illusion eines natürlichen Lebensraumes.

Was im Jahr 1913 mit dem Nordseeaquarium in der Strandhalle begann, gipfelte 15 Jahre später in der Einrichtung der »Tiergrotten«. Schon damals zogen die ersten Eisbären ein, mit denen sich bald eine Zucht aufbauen ließ. In den 1950er-Jahren war Suse II., die 15 Jungtiere aufzog, eine Sensation. Heute sorgt die Bärin Valeska für Nachwuchs mit ihren Töchtern Lale und Lili. Die Fülle an unterschiedlichen Tieren wurde auf wenige Arten reduziert, die sich teils auch unter Wasser gut beobachten lassen. Sichtscheiben mussten konstruiert werden, die nicht nur dem Aufprall eines 500 Kilo schweren Eisbären bei einer Geschwindigkeit von 50 Stundenkilometern standhalten müssen, sondern auch dem Druck von 3,5 Millionen Liter Salzwasser. Erst vier hintereinandergeschaltete Scheiben von jeweils 19 Millimeter Stärke bestanden den Test. Nun blickt man direkt in das Nordseewasser und unvermutet schwimmen Robbe, Eisbär oder Humboldt-Pinguin vorbei.

▶ Vom Dach des »Atlantic Hotel Sail City« in 86 Meter Höhe eröffnet sich ein toller Panoramablick auf Hafengelände und Havenwelten mit Museen und Restaurants.

Nebenan macht sich eine Brutkolonie mit Basstölpeln breit, schleichen Polarfuchs oder Puma herum und versuchen Schneehase und Schneeeule mit der Umgebung zu verschmelzen. Die Schimpansen und Weißgesichtsseidenaffen irritieren ein wenig, denn sie passen eigentlich nicht recht ins Konzept.

Faszinierend sind wiederum die inszenierten Unterwasserwelten im großen Nordsee-Aquarium mit den unterschiedlich gestalteten Lebensräumen. Neben Zander, Aal und Meerforelle, sind die Besucher am meisten von den zierlichen Seepferdchen, ungewöhnlichen Seenadeln, Seewolf und Seehase, dem schillernden Leierfisch oder den bunten Seeanemonen angetan.

Zoo am Meer · April–Sept. 9–19, März–Okt. bis 18 Uhr · H.-H.-Meier-Str. 7 · 27568 Bremerhaven
Tel. 0471/308 41 35 · www.zoo-am-meer-bremerhaven.de · Busse 502, 505 u. a. bis Havenwelten

99 Historische Signale für die Schifffahrt

Die auffälligen Maste an Weserufer und Geestemündung dienten den Schiffen, die in die Deutsche Bucht ausliefen, zur optischen Übermittlung von Wetterlage und Tidenstand. Die unter Denkmalschutz stehenden technischen Denkmale geben zunächst einmal Rätsel auf, denn man muss sie zu deuten wissen.

Das Semaphor stand von 1893 bis 1972 neben dem Leuchtturm »Hohe Weg«. Nach dessen Automatisierung wurde es abgebaut. Originalteile konnten durch die Einlagerung in das Deutsche Schifffahrtsmuseum vor dem Rosten bewahrt und im Jahr 2005 rekonstruiert werden. An dem fast 20 Meter hohen Mast lesen die Schiffer Windrichtung und -stärke bei Borkum (B) und Helgoland (H) ab: Die langen Zeiger der Windrose geben die Richtung an, die sechs kürzeren die Stärke. Ein Hebel in waagerechter Stellung bedeutet zwei Windstärken, ein schräggestellter eine. Hierbei spricht man von Brisen, erst ab Windstärke 6 herrscht Wind, ab 9 ist Sturmstärke erreicht und 12 warnt vor einem Orkan. Die Anzeige, die früher mit einer Handkurbel betätigt wurde, wird heute von einem Motor angetrieben. Der Deutsche Wetterdienst aktualisiert alle zwei Stunden die Daten und übermittelt sie an das Semaphor.

Der Wasserstandsanzeiger diente zwischen 1903 und 1973 zur optischen Information über die Gezeitenstände. Seit 2003 ist auch er reaktiviert. Auf der einen Seite des Mastes mit Rahe und Stange wird der Wasserstand in Metern über Seekartennull (SKN) anhand der roten Bälle (1 B=1 m) und Kegel (1 K=20 cm) angezeigt. An der anderen Seite werden nachts entsprechende Lichtsignale gesetzt (rot=1 m, weiß=20 cm). Der rote Pfeil an der Spitze weist auf die Tidenphasen hin: Die Spitze nach oben bedeutet auflaufendes Wasser, nach unten ablaufendes, waagerecht Hoch- bzw. Niedrigwasser. Eine rote Flagge warnt vor Wasserständen unter NN, bei Sturm werden schwarze Bälle gesetzt. Den aktuellen Wasserstand sendet das Wasser-und Schifffahrtsamt Bremerhaven. Das Dienstgebäude von einst betreibt in der Saison ein Café und einen Kiosk.

Semaphor · Nordmole, Lohmanndeich · Wasserstandsanzeiger · Geestemündung, Am Alten Vorhafen
27568 Bremerhaven · Busse 502, 505 u. a. bis Havenwelten

Das Semaphor, ein immer noch gültiger Windmesser

Register

Kunst und Kultur

Überraschendes

Freizeit und Familie

Natur und Entspannung

Essen und Trinken

Einkaufen

Impressum

Verantwortlich: Ulrich Jahn, Annika Wachter
Lektorat: Dr. Juliane Braun
Layout: graphitecture book & edition
Repro: LUDWIG:media
Korrektorat: Kristina Steimer
Umschlaggestaltung: Frank Duffek
Kartografie: Huber Kartographie, Heike Block
Herstellung: Miriam Tönnes
Printed in Italy by Printer Trento

★★★★★

Sind Sie mit diesem Titel zufrieden? Dann würden wir uns über Ihre Weiterempfehlung freuen.
Erzählen Sie es im Freundeskreis, berichten Sie Ihrem Buchhändler, oder bewerten Sie bei Onlinekauf.
Und wenn Sie Kritik, Korrekturen Aktualisierungen haben, freuen wir uns über Ihre Nachricht an Bruckmann Verlag, Postfach 40 02 09, D-80702 München oder per E-Mail an lektorat@verlagshaus.de.

Unser komplettes Programm finden Sie unter www.bruckmann.de

Alle Angaben dieses Werkes wurden vom Autor sorgfältig recherchiert und auf den aktuellen Stand gebracht sowie vom Verlag geprüft. Für die Richtigkeit der Angaben kann jedoch keine Haftung übernommen werden.

Bildnachweis: Alle Bilder im Innenteil stammen von Ralf Niemzig, außer: S. 10/11: Shutterstock/Chi_Chirayu, S. 30 o.: Thomas Holz, S. 41: Paula Modersohn-Becker, Bildnis Lee Hoetger vor Blumengrund, 1906, Museen Böttcherstraße, Paula Modersohn-Becker Museum, S. 67: picture alliance/dpa, S. 71: Wolfgang Baus, S. 84 o.: Shutterstock/vm2002, S. 111 u.: Marianne Menke, Bremer Shakespeare Company, S. 116 (2): Restaurant filosoof, S. 128/129: Schapowalow/Günter Gräfenhain, S. 164 o.: mauritius images/imageBROKER/Torsten Krüger, S. 173: Ole Schoener, S. 174 u.: Ole Schoener, S. 176/177: Harald Wanetschka, S. 181 o.: Achim Pohl, S. 186: Shutterstock/Askolds Berovskis
Umschlagvorderseite: Küken (mauritius images/imageBROKER/Elmar Krenkel), Henne (Shutterstock/Tsekhmister), Roland (Shutterstock/Mikhail Markovskiy), Ernie und Bert (Picture Alliance)

Mit besonderem Dank an Ole Schoener vom Förderverein Knoops Park e.V. für seine beiden Fotos.

Die Deutsche Nationalbibliothek verzeichnet diese Publikation in der Deutschen Nationalbibliografie; detaillierte bibliografische Daten sind im Internet über http://dnb.d-nb.de abrufbar.

ISBN 978-3-7343-0680-8